贵州财经大学经济学研究文库

城镇化新产城发展模式研究

李家凯　王　剑／著

中国社会科学出版社

图书在版编目（CIP）数据

城镇化新产城发展模式研究/李家凯，王剑著 . —北京：中国社会科学出版社，2017.12

ISBN 978 - 7 - 5203 - 1906 - 5

Ⅰ.①城… Ⅱ.①李…②王… Ⅲ.①城镇经济—经济管理—研究—中国 Ⅳ.①F299.22

中国版本图书馆 CIP 数据核字（2017）第 320682 号

出 版 人	赵剑英
责任编辑	卢小生
责任校对	周晓东
责任印制	王　超

出　　版	中国社会科学出版社
社　　址	北京鼓楼西大街甲 158 号
邮　　编	100720
网　　址	http：//www.csspw.cn
发 行 部	010 - 84083685
门 市 部	010 - 84029450
经　　销	新华书店及其他书店

印　　刷	北京明恒达印务有限公司
装　　订	廊坊市广阳区广增装订厂
版　　次	2017 年 12 月第 1 版
印　　次	2017 年 12 月第 1 次印刷

开　　本	710×1000　1/16
印　　张	10.5
插　　页	2
字　　数	157 千字
定　　价	48.00 元

摘　要

　　城镇化是我国当前区域经济发展的重点工作之一，是改变各地以农村现状的重要抓手。过去，我国城镇化的发展重心在大城市和东部沿海城市，采用集中全国力量的建设思路，计划经济的思维明显，特点是以政府投入为主。由此造成了大城市与中小城市差距越来越大，长期被忽视的乡镇和中小城市经济发展落后，公共服务产品不平衡。大量农村剩余劳动力涌入大城市，大城市暴露出了拥堵病、医院看病排长队、上班路上时间长和房价畸高等问题。为了改变这种状况，国家提出了新型城镇化概念，并将下一步城市建设的重点向西部和中小城市转移。这是对传统城镇化的反思和扬弃，是均衡发展和深化改革的重要举措。

　　新型城镇化坚持以人为本，以全面提升城镇化质量和水平为目标，以新型工业化作为城市化的新动能，坚持城市现代化、城市集群化、城市生态化和农村城镇化的基本原则。在当前供给侧改革和经济新常态的大背景下，产城一体化成为发展新型城镇化的重要方向。本书在借鉴发达国家城市发展进程中取得的成功经验的基础上，认为今后我国新型城镇化应强调产业和城镇的和谐互动发展，从而实现产业功能、城市功能以及生态功能的融合，构建出宜业宜居的环境友好型可持续发展模式。产城一体化是新的发展理念，需要从土地规划、城市布局、社会与产业发展等多个方面综合统筹考虑，改变过去城市发展的土地扩张模式和工业发展园区模式的弊端，解决传统城镇化出现的"半城镇化"、"中等收入陷阱"、"大城市病"等诸多问题。

　　本书在坚持新型城镇化与产城一体化基本思路的基础上，进一步对现有城镇化投融资体制的研究成果进行了总结和系统梳理，认为传统城镇化的投融资主体是政府和金融机构，这在过去强调大城市建设时期是合适的，因为大城市的数量少、可利用的财政资金和金融机构的资金多，可以在短时间内快速支持一个城市的发展。而在新型城镇化背景下，中小城市的发展数量多，且多在西部不发达地区，地方政府的财力有限，金融机构的数量少，造成了中小城市建设过程中受资金制约明显。因此，本书从如何吸引民间资本角度出发，研究建立产城发展过程中市场主导的多元城镇投融资体制，重点是如何实现吸引社会资金的模式创新（PPP）与机制建立、产业引导基金的设立，进一步讨论该体制下政府的职能转变和起到的主导与引领作用的边界，通过政府与市场两种配置资源手段的综合使用，形成合力，共同促进产城一体化发展。

在构建产城一体化和多元投融资体制基本框架的基础上，本书进一步对河北固安产业新城的建设进行了探讨。认为固安新城建设中有三个方面值得称赞：一是在新城建设之初就形成了产城融合，整体开发的体制机制，这表明政府在转变发展思路，当然也是固安早期缺乏资金的无奈之举；二是选择了市场化明显的公司团队开展工业园区的运营工作，公司注入资金并引导社会资金的投入，弥补了固安财政资金不足和专业技术人员有限的短板，实现了产业发展与城市公共服务设施建设的齐头并进；三是坚持产业发展和城市发展的双核驱动模式，有机地将产业新城的模式完美地结合起来。同时，在分析其取得成绩的基础上，也发现固安产业新城发展中存在房地产化趋势、产业链完整性弱的问题。为此，结合已经构建的理论框架，提出了固安新城建设改善的建议，主要包括促进产业结构升级、强化政府的管理职能效能和完善相关配套措施等。

新型城镇化建设需要各方面创新。在本书的最后部分，提出了一些思路和实现路径。当前城镇化涉及城市数量庞大，各地经济发展的基础差异较大，固安模式、国外城市发展模式并一定适合每一个地方的发展。因此，在我国全面建设创新型国家的前提下，创新创业必将成为引导社会发展和城市建设的主流，也为产城一体化发展提供了新的思路。为此，本书认为，应从深化土地使用制度与行政体制改革和创新着手，强化财政投入的引导作用和财政资金使用效率，减轻产业发展过程中的企业和个人税收负担，由此激发社会资本参与城市建设的积极性，实现产业发展与城市建设的双轮驱动，促进各个领域的创新发展，因地制宜，形成具有各地特色的多元化产城融合发展模式。

关键词：新型城镇化；产城一体化；市场主导投融资体制；PPP模式

Abstract

With the continuous development of Chinese economy and society, urbanization has become an important engine of Chinese economy. At present, Chinese urbanization is in a rapid development level. Since "the reform and opening up" policy, China has made a series of achievements, such as continuously improved level of urbanization, rapidly increased number of urban population and towns, and improvement of urban infrastructure, etc.. However, it also encountered a lot of problems during the long – term rapid development process, like semi – urbanization, land contradictions, and capital bottlenecks. In general, if we insist on the traditional model of urbanization, instead of transforming to a new type, Chinese economic might fall into a "medium income" trap, which will inevitably lead to a lot of social issues, like resources deterioration and social contradictions. What's more, it has a bad effect on modernization. So during the transition period, we Chinese people should focus on urbanization quality, to adapt to the economic development. Therefore, we need to abandon the traditional model, and at the same time, establish a new one.

New urbanization is a unique concept with Chinese characteristics. The connotation is, in the course of urbanization, we need to insist on "people – oriented" as the fundamental point of departure, take the new industrialization as the power and source, further promote urban modernization, urban clustering, urban ecology and rural urbanization, comprehensively improve the quality and the level, and take the way of urbanization which is scientific, intensive and efficient, city – industry interactive, environment – friendly, social harmonious, urban and rural integrated, and coordinated development of large, medium and small towns. In the past, the construction of urbanization neglected harmonious development of city – industry interaction, and did not combine the industrial development with the urban construction. In the new urbanization, the industrial development will be a driving force of urban construction, as well, urbanization can also provide a carrier for industry and ensure the sustainable development of industry.

City – industry integration becomes an effective model, with the accelerated process of new urbanization. The integration is a mutually coordinated, dynamic and virtuous cyclic development model of urban functions, industrial functions, ecological functions and human development in the process of new urbanization. By realizing the harmonious development of industry and town, industrial function, urban function and ecological function are merged together, and then a new pattern is constructed. The City – industry integration is not a mechanical bund industry and city together, but to avoid the sightless expansion of the city and singly development of industry through planning and guiding, scientific and rational allocation of land, industrial distribution, and ecology and environment protection. Then it can become a model that interact, promote each other and develop harmoniously. The City – industry integration is an effective exploration of the new urbanization model in China. It refers to the coupling of industrial parks and cities in spatial layout and function, which is a new trend in the development of new industrialization and urbanization in China, which embodies the new requirements of scientific development.

This thesis will use a combination of research methods including qualitative analysis and quantitative analysis, normative analysis and empirical analysis. Qualitative analysis can make a judgment on the premise and direction of research, while quantitative analysis can accurately grasp the nature and rule of the object in the base of theoretical research, and make a scientific forecast of the following trend. In this thesis, qualitative and quantitative analysis will be combined to analyze current investment and financing situation, the problems of urbanization and empirical cases. Normative analysis is a research method to explain economic problems based on ethics and value judgments, while empirical analysis is the description and explanation of typical economic phenomena and it can deduce general conclusions from individual phenomena.

In this thesis, the foreign typical cases will be analyzed and summarized, and the case of Guan New Town will be introduced. From the individual to the general, the new urbanization development mode will be elaborated in detail.

About urbanization, there have been a lot of researches on investment and financing in the past, but most of them are more in general, less depth discussion, more theoretical research and less practical exploration. This thesis is based on the perspective of private capital. It studies the establishment of a diversified investment and financing system for urbanization, discusses the positioning and border issues of the market and government under the system, and the integration mechanism of how the market and the government promote the construction of new urbanization. Through studying of Guan case, this thesis argues that it is a typical mode to promote economic development by industrialization and urbanization. This mode would be helpful to enhance its regional competitiveness and itself development by developing the upstream and downstream industries to form a new industrial town. The case of Guan New Town can be used as a useful experience, but there are also some shortcoming needed to be improved. The further study shows that the advance of new urbanization is the result of many factors. Without institutional arrangements, taxation, financial support, informalization and related information, it is impossible to promote new urbanization. In the process of new urbanization, the relevant institutional mechanisms should be established, the fiscal and financial support should be given, and the importance of information should also be emphasized. They ensure the healthy development of industrial – city mode towards the harmonious and interaction direction.

KeyWords: New Urbanization; City – industry Integration; Investment and Financing Market Oriented; PPP model

目　　录

第一章　绪论

第一节　研究背景和任务

城镇化是经济建设的重要组成部分，是新常态和供给侧改革背景下我国经济发展的重要引擎。李克强总理曾指出："城镇化是中国现代化进程中的一个基本问题，是一个大战略、大问题。"由此可见，通过走新型城镇化道路，实现"四化"同步发展已成为共识。改革开放以来，我国城镇化水平快速提高。数据表明，我国的城镇化率从 1978 年的约 18% 增加到 2015 年的 56.1%，城市人口也从 1978 年的 1.7 亿快速提高到 2015 年的 7.7 亿，以 1500 万人/年的速度稳步增长[①]，主要的人口增长源自农村人口的转移和城市自身的增加。我国的城镇化不断提高的背后，也隐藏着一些深层次的矛盾和问题。概括地说，其主要有以下三个问题：

第一，"半城镇化"现象严重。2015 年，中国城镇化率达到了 56.1%，但是，户籍人口的城镇化率只有 39.9%，这意味着高达 2.2 亿户籍在农村的人口被计算作为城镇人口。[②] 这些已经在城市就业、生活的农民工尚未实现身份由农民向市民的转换，因此，尚未获得城市的合法户籍，而不能享受相应的各项社会保障，无法享受到城市的住房补贴和社区服务，也享受不到公共财政提供的义务教育等，只能往返于城乡之间，从而形成了中国独特的"半城镇化"现象。

第二，土地城镇化超过人口城镇化。近年来，城镇建成区面积的增长率超过城镇人口的增长率，两者之比约为 1.67，这比国际上平均的

[①]　有关年份《中国统计年鉴》。

[②]　国家发改委：《国家新型城镇化报告（2015）》，中国计划出版社 2016 年版。

1.12 高出近 50 个百分点。由此可见，中国土地城镇化的步伐已经大大地快过人口城镇化进程。城镇化是一个战略工程，其系统规划必须和产业发展相结合，要防止城镇化单纯"房地产化"，不能人为地、过度地进行造城运动。而且，城镇化水平要和工业化发展水平相匹配，避免出现居民就业不足、贫富分化严重、"空城""鬼城"等社会问题。

第三，城镇化建设面临资金"瓶颈"。中国人口基数大，每增加 1 个百分点的城镇人口，意味着有 1300 多万人转入城市生活，城市住房、基础设施、公用事业、医疗卫生以及各阶段教育等都要与之配套建设。因此，城镇化建设需要巨额的资金投入。截至 2015 年年底，中国地方政府债务规模为 16 万亿元，中央政府债务规模为 10.66 万亿元，加上考虑或有债务后，各级政府债务占 GDP 的 41.5% 左右。[①]由此可见，政府偿还旧有债务的压力已经很大，未来的资金需求将是城镇化发展面临的主要难题。同时，我国现阶段的投融资体制存在着诸多弊端，在新型城镇化推进过程中，地方政府对传统的投融资模式过度依赖，由于缺乏对地方政府权力的约束机制，地方政府过多地涉入城镇化建设、融资以及运营等诸多领域，从而导致地方政府的行政职能与市场配置资源的边界不清，忽视了市场在资源配置中的决定性作用，政府主导城镇化发展，缺少民间资本的参与。因此，城镇化建设需要找到一条平衡、健康、可持续的投融资之路。

由此可见，中国未来的城镇化必须向新型城镇化转型。发达国家城镇化发展的经验表明，一个国家的城镇化率超过 50% 以后很容易落入"中等收入陷阱"，只有少数几个国家城镇化率超过 50% 的拐点后能够成功推进经济转型发展，从而跻身于发达国家的行列，大多数国家的城镇化率在超过 50% 后，城镇化率依旧会继续提高，但却不会给经济发展提供动力，最终会落入"中等收入陷阱"。因此，中国的城镇化需要改变驱动方式，特别是在全球产业分工重新调整、美国 QE3 提前退出、新兴市场发展速度趋缓等复杂多变的国际金融危机背景下，城镇化发展应该更加强调质量和效率，更要注重发展模式的转变，想方设法解决土地城镇化和人本城镇化问题，努力依托产业升级，驱动城镇化水平提高。在城镇建设的资金方面，需要进一步拓展民间资本投入城镇建设的

---

① 《国家审计署审计公报》（2016）。

领域和范围，积极放开市场准入，建立多元的、可持续的政府主导型投融资体制。

第二节　国内外研究现状

一　城镇化与产业支撑

在城镇化与产业支撑方面，国内外学者已经做了许多研究，并且取得了显著的成果。对城镇化动力机制比较早的理论是"推—拉理论"。早在19世纪，西方一些经典论著中就分析了城镇化的"推—拉理论"。"推—拉理论"阐释了在经济结构优化升级过程中势必导致人口从劳动生产率低的第一产业向劳动生产率较高的第二产业转移，但城镇化发展不仅仅是人口的迁移，更多的是经济要素的聚集。德国经济学家阿尔弗雷德的"集聚经济理论"进一步说明了为什么工业要集中分布于城市这一现象。刘易斯（1954）创立了经济发展的二元结构模型。

国内许多学者结合中国城镇化发展战略，提出了产业发展与城镇化协调互动发展策略。梅福林提出，我国城镇化发展要以产业化发展为重点，产业发展可以为城镇化发展提供动力支撑。为此，在新型城镇化推进过程中，要以产业发展为依托，通过产业化来推动城镇化进程中农业产业化进程的加快以及工业和服务业的快速发展。吕景春〔2011〕重点分析了城镇化可以通过扩大内需来促进我国经济发展，城镇化进程的不断推进可以扩大生产、生活性需求。

关于城镇化与产业集群之间的关系，仇保兴（2004）指出，产业集群的发展可以为城镇化建设提供强大的动力支持，产业聚集是城镇化的源泉，而城镇化进程的不断加快又可以极大地加速产业聚集进而形成产业集群。[1] 刘瀑、孟守卫（2007）认为，产业集群是促进小城镇发展的有效路径选择，通过产业集聚可以促进小城镇规模的扩大以及基础设施与公共服务设施的完善。周冰（2011）认为，产业集聚效应的增强是城镇化建设的实质，应该以产业发展为出发点来加快推进我国城镇进程，城市功能定位要以主导产业的选择为依托。

---

① 仇保兴：《中国城镇化：机遇与挑战》，中国建筑工业出版社2004年版。

关于走"四化"协调同步发展新型城镇化之路，学者普遍赞同。有学者指出，中国城镇化的一个突出问题就是产业支撑不强。张占斌（2012）等认为，城镇化的前提就是产业支撑，没有产业支撑，人聚集以后也得离开。汪光焘指出，新型工业化是与新型城镇化协调互动发展的，在坚持农业现代化、新型工业化、城镇化与信息化协调推进原则的基础上，以信息化来支撑城镇化建设，同时，也要以工业化带动城镇化。①

二　城镇化与农民工市民化

随着城镇化实践的深入发展，多数学者主张要推进农民工的市民化。田雪原（2011）认为，防止我国人口城镇化陷入拉美陷阱的根本出路，是实现农民工身份向市民身份的转变。当然，不是不加任何区分地一律将进城农民转为市民。简新华等认为，实现农民工市民化不仅要实现其身份的转变，同时也要使农民工的权利、素质以及思想观念和行为方式市民化。② 陈锡文（2010）认为，农民工虽然在城市就业和生活，但并未真正融入城市中，加快农民工市民化进程可以有效地推进我国的工业化进程进而推动城镇化建设。同时，加快农民工市民化进程也可以有效地解决国家一直关心的"三农"问题。

但是，就如何市民化的问题，学界有着不同的意见。钱正武认为，既可以通过推进城镇化进程来实现农民工就地市民化，也可以通过吸引农民工进入城市就业和生活，从而实现农民工异地市民化。辜胜阻、刘传江（2000）认为，需要从农村退出、城市进入和城市融合三个方面入手来加快农民工市民化进程，其中，在农村退出方面，要着力解决农村耕地流转制度以及农地征用制度创新；在城市进入方面，要推进户籍制度以及城乡一体化就业制度的改革，农民工人力资本和民间资本的投入和积累等；在城市融合方面，核心问题是农民工生存保障的社会化和生存环境的市民化。③ 刘永佶认为，农民工市民化根本在于劳动者的主体地位，劳动者的素质技能需要得到提高和发挥，从而拥有支付城市生活成本的能力。张国胜（2009）等提出，农民工市民化需要构建一个

---

① 汪光焘：《走中国特色的城镇化道路》，《求是》2003 年第 16 期，第 18 页。
② 田雪原：《警惕人口城市化中的"拉美陷阱"》，《宏观经济研究》2011 年第 2 期，第 15 页。
③ 辜胜阻、刘传江：《人口流动与农村城镇化战略研究》，华中理工大学出版社 2000 年版。

成本分摊机制，需要民间资本介入参与。

三 城镇化建设投融资

投融资在城镇化建设中起着至关重要的作用，学术界在投融资方面的相关理论和实证研究日益深入。诺瑟姆（1975）的 S 形曲线表明，城镇化率处于 30%—70% 的原因是城镇化快速提升阶段，需要大量资金投入城镇化基础设施建设。张军扩等（2009）认为，我国目前正处于工业化和城镇化加速发展的阶段，城镇化面临着巨大的融资需求，城市基础设施与公共服务设施建设投入不足。徐策（2012）认为，在我国经济发展过程中，城镇化仍然有着广大的投资空间，这一资金需求应该在融资方面实现突破。据相伟（2012）测算，到 2020 年，中国城镇化所产生的社会保障和市政公共设施支出总需求将超过 30 万亿元。巴曙松（2011）认为，我国的城镇化投融资模式已经不适应城镇化发展的进程，应该摒弃政府完全计划控制的传统城镇化模式，逐步转型为以地方政府财政资金为引导、市场资金相配合的市场化新型融资模式。①

学术界对于城镇化投融资的现有研究主要集中在银行贷款、土地财政、城投债和投融资平台等方面。李扬（2010）认为，以银行为主导、由金融中介机构进行储蓄分配的金融体系虽然在推动工业化进程方面发挥着巨大作用，但是，与以城镇化为主导的经济发展方式不相适应。② 刘尚希（2012）认为，由于城镇化进程的不断推进，可以通过土地财政来支撑城镇化建设，通过地方政府投融资平台来加大对城镇化建设的投资，但是，只可以阶段性地将土地财政作为城镇化建设的主要投融资模式，在城镇化的长期发展中是难以为继的。郭兴平、王一鸣（2011）等认为，我国的城镇化投融资机制应该推行市场化改革，运用市场机制，允许民间资本进入城镇化建设中，同时，允许地方政府发行城投债，实行特许经营制度，积极有序地推广 BT、BOT、TOT 等经营模式。我国的城镇化建设要从根本上消除政府的垄断经营，投资主体应朝着多元化方向发展，不能单纯以财政投资为主。③ 国家发改委经济研究所课

---

① 巴曙松：《从城镇化角度考察地方债务与融资模式》，《中国金融》2011 年第 19 期，第 20 页。

② 李扬：《城镇化发展急需金融配套》，《西部大开发》2010 年第 12 期，第 91 页。

③ 郭兴平、王一鸣：《基础设施投融资的国际比较及对中国县域城镇化的启示》，《上海金融》2011 年第 5 期，第 27 页。

题组（2012）认为，在城镇化推进过程中，城投债作为标准化的债务性融资方式是具有一定合理性的，应该允许地方政府发行城投债，使其在城镇化建设中充分发挥融资的作用。贾康（2011）认为，公私合作的 PPP 模式作为一种有效的融资模式，将在未来我国推进城镇化进程中发挥着至关重要的作用。杨柳、邹斌（2012）认为，为了实现我国经济的持续健康发展，工业化和城镇化是经济发展的两个重要引擎，而金融支持可以为推进工业化和城镇化进程提供资金保障。中国人民银行聊城支行课题组（2010）认为，产业集群是一种有效实现城镇化建设的路径。中国人民银行研究局课题组（2013）认为，应该合理确定平台债务中地方政府的偿债责任，允许地方政府通过发行城投债来加大对城镇化建设的投资力度，要进一步创新城镇化建设的融资渠道，同时完善相关的体制机制，从而有效地增强资金保障能力和债务风险约束。李晓鹏（2013）提出了四种民间资本参与的投融资模式：一是民间资本参与产业园区开发的投融资模式；二是民间资本参与市政基础设施综合建设的投融资模式；三是民间资本参与保障性住房的投融资模式；四是其他领域的投融资模式，比如北京地铁 4 号线的 PPP 融资模式。

四　研究评价

除以上研究领域以外，国内外学者还在农业现代化、土地制度改革、城乡一体化等诸多城镇化相关领域展开了大量研究工作，本书的研究重点不在于此，不展开叙述。总体而言，学术界在城镇化建设的理论研究方面成果显著，不同学者从不同的学科视角对城镇化进行了研究，这些视角涉及经济学、社会学、政治学等众多学科，同时，在理论研究中，从微观和宏观两个层面进行了深入的探讨，为探索中国特色新型城镇化发展模式奠定了坚实的基础。

虽然关于城镇化的理论研究硕果累累，但是，在研究中也存在着诸多不足。其主要体现在以下四个方面：

第一，国内学术界关于城镇化建设的研究主要集中在对城镇化模式和规律上进行理论总结，站在实用角度对改革 30 多年来城镇化进程中产业发展理论的总结和梳理比较少见。

第二，定量分析和实证分析不够，这会影响到研究的科学性。相关理论和可供借鉴的实践经验还主要来自发达国家，而针对国内城镇化的相关研究没有进行全面系统的论述，只是单纯地进行定性分析，缺乏定量分析来支撑其研究，从而使其研究对我国城镇化建设的指导意义不大。

第三，城镇化建设投融资的政策建议多从政府部门或金融系统角度出发，缺乏民间资本视角下投融资模式的系统研究。

第四，对于政府和市场如何有机组合推动城镇化的研究很少。新型城镇化不能单纯依靠政府的力量，需要注入更多的市场活力。这种活力如何推动城镇化建设、产业化和城镇化在政府和市场的双重作用下如何互动融合等，这方面的系统研究并不多见。

第三节　研究内容与研究方法

一　研究内容

本书重点从我国城镇化发展的阶段入手，在对当前新型城镇化过程中存在的问题进行分析的基础上，认为投融资体制改革与创新是解决资金缺口的关键，产城一体化发展模式是新型城镇化的发展要求，为此，对以上内容进行系统的研究和讨论。对产城一体化实践研究部分，引进了固安工业园区的建设经验，对固安工业园区取得的经验和存在的问题进行实证分析，并提出了改革方向。最后，讨论了产城一体化制度改革、信息技术发展和农业现代化等支撑体系。

本书分为七章，具体内容简要地介绍如下：

第一章先介绍研究背景和任务，然后介绍国内外城镇化研究情况，最后介绍本书的研究内容和研究方法以及主要创新点。

第二章回顾我国城镇化过程各个阶段的特点，对城镇化进程、存在的问题和发展现状进行了剖析。认为我国的城镇化建设不能沿着老路继续前进，应在新型城镇化和新型工业化互动、融合发展的基础上实现理论创新和实践创新。

第三章重点梳理新型城镇化的概念和内涵，分析新型城镇化在我国城镇化建设中的作用和重大历史、现实意义，进而讨论了产城一体化及新型城镇化的重要实现路径。发达国家的经验为我国新型城镇化建设提供了启发和借鉴，本部分也进行了研究。

第四章首先分析中国新型城镇化建设巨大的资金需求，指出投融资体制创新的重要性。然后对当前以政府财政担保的投融资模式存在的问题进行了分析，就政府的债务风险和财政压力，以及对城市发展的制约作用进行了讨论。最后提出了建立多元投融体制的紧迫性、必要性和可能性及路径。

第五章重点讨论构建新产城模式，强调政府的引领作用和市场配置资源的主导作用，从产业发展和城市功能完善的角度提出了"以产促城，以城聚产"的发展思路。提出在主导产业选择与产业链延伸方面强调企业主体作用的发挥，在政府财政资金的引导下，形成社会资金投入城市建设的机制创新。具体包括投融资体制、产城互动机理、城市建设安排和人本城镇化建设等，并讨论地方政府的作用，探讨该投融资体制下的政府和市场边界问题，最后明确了新产城发展模式的原则和基本思路。

第六章引入固安产业新城案例，讨论新产城发展模式的实际运用。首先介绍固安产业新城的基本概况，分析其投融资方式、城市建设机制以及地方政府的作用等，在此基础上总结经验和不足。最后，从新产城发展模式的角度对固安产业新城的发展提出建议。

第七章论述新产城发展的支撑性研究，从制度设计与深化改革、财税制度的设计、金融机构的融资便利和科技创新技术的支持四个方面进行分析，重点在于构建新产城发展的支撑体系，为新型城镇化进程中不同社会主体更新观念，努力创新，创造良好的发展氛围。

二 研究方法

本书依据研究内容，合理使用各种研究方法，在对新型城镇化、产城一体化和国内外城镇化发展模式借鉴及对国内启发部分，重点采用文献梳理法。在对我国城镇化发展中存在的问题进行分析时，采用了大量的数据、图表等进行定量分析。在对工业化、城镇化、信息化和农业现代化"四化"融合发展的论述中，采用了规范分析方法。

在多元投融资体制建设方面，针对现状以及实证案例等诸多分析中采用定性和定量分析相结合的方法。

规范分析是依据伦理和价值判断来说明经济问题的研究方法，而实证分析是对典型经济现象的描述和解释，从个别现象推断出一般结论。本书选取典型的国外城镇化案例进行分析和总结，并引入固安产业新城实证案例，从个体到一般，详细论述了新产城发展模式。

第四节　主要创新点

本书研究的主要创新，总体来说，可以归纳为以下两个方面：

第一，与以往更多地立足政府或金融部门的研究视角不同，本书从民间资本角度出发，研究建立多元化的城镇化投融资体制，并讨论该体制下市场和政府的定位及边界问题，以及市场和政府两者如何融合推动新型城镇化建设的机理。因此，本书是对城镇化理论研究的有力扩充。

第二，以往关于城镇化投融资方面的研究较多，但多是泛泛而谈，深入论述的较少；理论研究的较多，实践探索的较少。本书结合定量数据和实证案例，较为具体地论述多元化投融资体制下的新产城发展模式，包括产城互动机理、城市建设安排和人本城镇化建设等，对我国新型城镇化发展具有一定的实际应用价值。

第二章　中国城镇化发展概况及相关理论基础

第一节　中国城镇化发展的历程回顾

近年来，城镇化一直是社会各界关注的热点问题。城镇化作为一个动态的过程是伴随着社会经济发展的演进而不断发生变化的，城镇化的发展并不是直线上升的，其发展态势由于经济、政治以及社会等因素的制约而会经历不同的发展阶段。根据发达国家推进城镇化的经验，我们可以看出，城镇化的推进一般要经历起步、快速发展和高度城镇化三个发展阶段。

从新中国成立以来到现在的城镇化发展来看，我国城镇化道路受到政治的影响较大。社会主义建设的阶段性特征和道路的曲折性也反映在城镇化建设的历程中。新中国成立后，百废待兴，建设资金短缺，在苏联的帮助下，城镇化建设缓慢起步。为此，本书根据社会主义建设的不同阶段，依据我国城镇化发展所呈现出来的特征，将我国城镇化发展过程划分为新中国成立到改革开放前的缓慢起步阶段（1949—1977 年）、改革开放至 20 世纪末的多元加速发展阶段（1978—2000 年）和 21 世纪以来的快速发展阶段（2001 年至今）三个主要发展阶段，具体如图2-1 所示。

一　新中国成立到改革开放前的缓慢起步阶段（1949—1977 年）

从新中国成立之初到改革开放前这一时期的城镇化发展呈现出起步性、缓慢性、徘徊性以及波动性等特点。这个时期，先后经过了新中国成立初期、社会主义建设和"文化大革命"三个时期，可以具体分为城镇化起步阶段（1949—1957 年）、城镇化波动发展阶段（1958—1965年）和城镇化停滞阶段（1966—1977 年）。在新中国成立之初，我国的

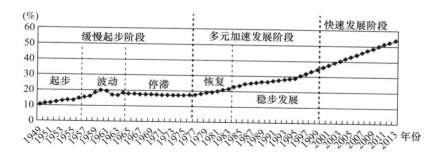

图2-1　中国城镇化发展历程

资料来源：有关年份《中国统计年鉴》。

城镇化处于低水平发展状态，无论是城镇化发展速度还是城镇化发展质量均处于落后状态。当时，由于我国的国民经济尚未恢复，城镇经济发展缓慢，建制镇以及城市数量少，并且以小城镇居多，1949年，我国的城镇化率仅为10.64%。受长期的战乱和半殖民地半封建社会的影响，与资本主义国家相比，我国城镇化起点低、起步晚。在这个时期，中国的城镇化道路是以重工业发展为动力的政府控制型，在推进过程中，急于求成，忽视了城镇发展的基本规律，中国的城镇化进程十分缓慢，甚至一度出现停滞现象（见图2-2）。根据工业发达城市的经验，城市基础设施建设和第三产业发展是衡量城镇化水平高低的重要参照，其水平的高低决定着城镇化的水平，起着助推器的作用。当时由于受到苏联模式的制约，我国推行的城镇化政策片面地强调重工业的发展，忽略了城市基础设施建设以及第三产业的发展。

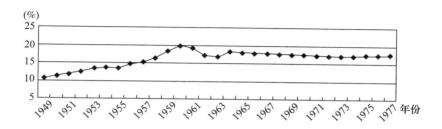

图2-2　新中国成立以来至改革开放前我国城镇化呈缓慢发展趋势

资料来源：有关年份《中国统计年鉴》。

在经历了新中国成立后三年恢复期，从1953年我国的工业化刚开始起步。伴随着工业化的发展，城镇化的进程进入发展的快车道。由于优先发展工业的思路，吸引了广大农村的剩余劳动力到城市工作。农村的经济也在逐渐恢复，为工业发展提供了大量的原材料和供工人吃、穿、用的物资。因此，这个时期的城镇化发展是在工业化和农业化联合发展的基础上推进的。1955年，国务院颁布的《关于市镇建制的决定》和《关于城乡划分标准的决定》，对城镇化的发展进行了规范，引导城镇化走上快速发展道路。到1957年，我国的城镇化水平较新中国成立之初有了显著提高，城镇化率由新中国成立之初的10.64%提高到1957年的15.39%（见表2－1）。但是，这个时期的城镇化建设也出现诸多弊端，比如，城镇承担更多的是工业中心和生产中心的职能，在战备的指导下，重点发展的是钢铁、矿山、机器制造等重工业，并没有太多的力量发展轻工业和农业。劳动力从农业转移到第二产业，大学生通过考试进入大学，毕业后也从事第二产业的发展，在国家重视、优秀人才输送等政策的指导下，导致工业体系快速完成，形成了忽视农村的二元结构，阻碍了广大农村的城镇化进程。

表2－1　　　　　　　　1949—1977年我国城镇化进程

年份	我国人口（万）	城镇人口（万）	城镇化率（%）
1949	54167	5765	10.64
1950	55196	6169	11.18
1951	56300	6632	11.78
1952	57482	7163	12.46
1953	58796	7826	13.31
1954	60266	8249	13.69
1955	61465	8285	13.48
1956	62828	9185	14.62
1957	64653	9949	15.39
1958	65994	10721	16.25
1959	67207	12371	18.41
1960	66207	13073	19.75
1961	65859	12707	19.29

续表

年份	我国人口（万）	城镇人口（万）	城镇化率（%）
1962	67296	11659	17.32
1963	69172	11646	16.84
1964	70499	12950	18.37
1965	72538	13045	17.98
1966	74542	13313	17.86
1967	76368	13548	17.74
1968	78534	13838	17.62
1969	80671	14117	17.50
1970	82992	14424	17.38
1971	85229	14711	17.26
1972	87177	14935	17.13
1973	89211	15345	17.20
1974	90859	15595	17.16
1975	92420	16030	17.34
1976	93717	16341	17.44
1977	94974	16669	17.55

资料来源：有关年份《中国统计年鉴》。

　　1958—1965 年是中国城镇化的波动发展阶段。在这个时期，中国经历了"大跃进"运动、三年自然灾害以及之后的调整时期，城镇化建设一直处于波动发展的状态。1958—1960 年，在"大跃进"运动以及三年自然灾害的影响下，我国出现了严重的经济困难，农村的农业生产遭到破坏，农业生产率水平极低，导致大量农村人口转移到城市中，使我国城镇人口迅速增加，城镇数量和城镇规模也在不断扩大，城镇化发展速度得以迅速提升，城镇人口由 1957 年的 9949 万人迅速上升至 1960 年的 1.3 亿人，城镇化率由 1957 年的 15.39% 上升到 1960 年的 19.75%。由于城镇人口增加过快，致使城市基础设施以及农副产品供应难以满足日益增加的城镇人口的基本生活需求。为了解决这一问题，我国从 1961 年开始，采取逆城镇化措施来削减城镇人口，城镇化发展呈现逆向发展趋势（见图 2－3）。比如，1963 年提高建制镇的标准，对已有的建制镇和城市进行严格审查，一部分不达标的建制镇和城市给予撤销。1964 年，我国开始实施关于户口迁移的政策举措，对迁入城镇的人口数量进行控制，使农民不能向城镇自由流动。总体来说，在这个时期，我国城镇化呈波动态势与国民经济、政策实施以及制度安排是分不开的，在此期间，我国城镇人口大量减少，城镇化率由 1960 年的 19.75% 下降到 1965 年的 17.98%。

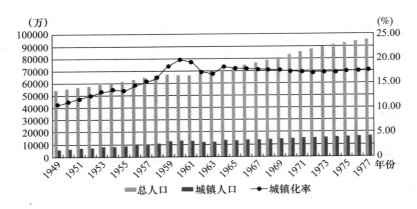

图 2 - 3　1949—1977 年总人口、城镇人口与城镇化率

资料来源：有关年份《中国统计年鉴》。

1966—1977 年是"文化大革命"时期，也是我国城镇化停滞发展阶段。这是全国的大形势，整个国民经济受到较大的冲击，城市中大量的知识青年参与到"上山下乡"运动中，城市中的老干部被下放到农村，造成了城镇人口的负增长。因此，这个时期，苏联援助的项目也告一段落。总体上看，我国城镇化水平基本没有提高，城镇化率一直在 17.5% 左右徘徊。到 1966 年，中国的城镇化率为 17.86%，然而，到 1977 年，中国的城镇化率下降到了 17.55%。

二　改革开放至 20 世纪末的多元加速发展阶段（1978—2000 年）

改革开放以来，我国城镇化进程呈现出快速发展的态势，城镇化率由 1978 年的 17.92% 上升至 2000 年的 36.22%（见图 2 - 4）。建制镇和城市数量增加快速，从改革之初的 2173 个建制镇、193 个城市，迅速增加到 2000 年的 20312 个、663 个（见表 2 - 2）。依据改革开放的进程，我国城镇化发展可以 1985 年为节点，将这个时期的城镇化发展过程划分为恢复发展（1978—1984 年）和稳步发展（1985—2000 年）两个阶段。

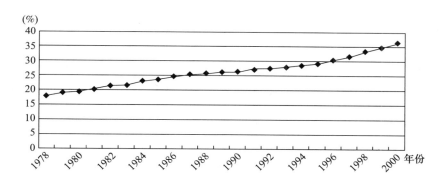

图 2 – 4　改革开放至 20 世纪末我国城镇化加速发展趋势

资料来源：有关年份《中国统计年鉴》。

我国城镇化恢复发展阶段（1978—1984 年）。党的十一届三中全会以后，我国率先在广大的农村实行了联产承包责任制，改变了过去"一大二公"的发展模式，提高了农村生产效率。在结束了上山下乡和恢复高考之后，大量的知识青年从农村回到了城市，积压的知识青年通过高考进入到城市生活。同时，优先发展城市的思路走上历史舞台，通过商品经济的发展，鼓励搞活经济。这为城市工业的发展、商品经济的发展提供了可能。中央就城市发展提出沿海开放城市先发展、大城市先发展的思路，通过城市基础设施建设和公共服务设施建设，城镇化建设速度得到了恢复。1979 年，党的十一届四中全会又提出，要有计划地加快小城镇建设。1980 年，为了使我国城镇化建设步入正轨，提出了积极引导小城镇发展的思路，主要是想通过发展小城镇，解决农村剩余劳动力就业问题。在 1984 年调整了建制镇的标准，中小城镇数量迅速增加。在此期间，我国全面恢复高考制度，使一大批农村学生通过上学而进入到城市。与此同时，下乡的知识青年通过考试、返回户籍所在地、亲戚投靠等形式返回城市，城镇人口迅速增加，城镇化发展得以恢复。

1985—2000 年是我国城镇化稳步发展阶段，城镇化率由 1984 年的 23.01% 提高到 1992 年的 27.46%。1985 年，我国针对计划经济体制进行了改革，释放了市场活力，加大了大城市建设的力度和经济特区的建设。东南沿海地区借助开放发展战略，通过与港澳台地区等资本运作结合的模式，发展"三来一补"的城市发展思路。在国家政策的引导下，我国东部沿海地区的中小城市和小城镇如雨后春笋般涌现出来，城市规模和发展格局更加合理，城市功能趋于完善。在看到城市发展带来的生活便利、收入较高的刺激下，大量农民工开始到这些城市淘金。虽然他们的户口还在原籍，但是，收入却比在农村高很多。党的十四届三中全会的召开，吹响了全面建设社会主义市场经济体制的号角，城镇化的发展速度加快。随着改革的深入和开放的全面展开，外资企业、国有企业、私营企业在中小城市和大城市快速发展，吸引了大量的农村剩余劳动力到城市发展。高考为城市的发展提供了高素质的人才，这些都进一步促进了城镇化的发展。

表 2 - 2　　　　　　　1978—2000 年我国城镇化进程

年份	城镇人口（万）	我国人口（万）	城镇化率（%）	建制镇总数（个）	城市总数（个）	工业化率（%）
1978	17245	96259	17.92	2173	193	44.09
1980	19140	98705	19.39	2874	223	43.92
1984	24017	104357	23.01	7186	300	38.69
1985	25094	105851	23.71	7511	324	38.25
1990	30195	114333	26.41	12084	467	36.74
1992	32175	117171	27.46	14539	517	38.20
1995	35174	121121	29.04	15043	640	41.04
1996	37304	122389	30.48	17770	666	41.37
1997	39449	123626	31.91	18000	668	41.69
1998	41608	124761	33.35	19060	668	40.31
1999	43748	125786	34.78	19184	667	39.99
2000	45906	126743	36.22	20312	663	40.35

资料来源：有关年份《中国统计年鉴》。

三　21 世纪以来的快速发展阶段（2001 年至今）

进入 21 世纪以来，我国将城镇化和工业化作为经济发展的两个引擎。在市场经济体制不断完善、深入改革的背景下，各级政府已经意识到政府财政资金有限，不能全力推动城镇化。将市场机制引进来，增加市场在配置资源方面的作用，利用政府和市场两种力量，推进我国城镇化进程，从而促进了城镇化建设与经济发展的良性互动，始终保持健康、快速、持续的发展态势。在这个时期，我国的城镇化率由2001年的37.66%快速提高至2013年的53.73%（见图2-5），2003年，我国城镇化率达到40.53%，首次超过工业化率40.45%（见表2-3）。从20世纪的重视沿海城市和大城市的发展，到党的十七大提出要促进中小城市和小城镇协调发展，是一个战略转向。在十八大报告中明确提出要在重视城市规模发展的同时，将城镇化建设的质量问题提上日程，要求在2020年城镇化的质量显著提高。

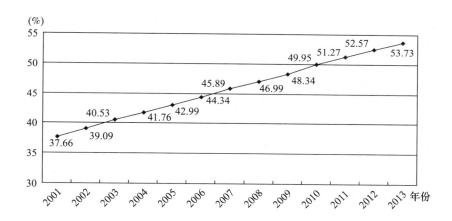

图2-5 21世纪以来我国城镇化快速发展趋势

资料来源：有关年份《中国统计年鉴》。

2000年以来，城镇化的步伐加速，发展战略不断调整。从小城镇规模扩张到重视城市集群的发展，从区位比较优势出发，主要在建制镇和新城区进行扩张发展。因此，21世纪新城区的发展成了一大特点，在每一个大城市，距离老城区较远但交通便利的地方都涌现出众多的新城区。大城市周边的新城区不断出现，同时城镇之间的交往日益密切，许多城市实现了分工协作，导致城市群和城市圈逐步涌现出来，例如，成渝城市群、湖南长株潭城市群、武汉城市圈等。经过城市快速扩张和城镇户籍制度改革，大学生和购买房产的都可以落户，人口快速向城市转移，"十二五"期末，我国的城镇化率已经达到 56%，城市户籍人口 7.7 亿。

表 2-3　　　　　　　　　2001—2013 年我国城镇化进程

年份	城镇人口（万）	我国人口（万）	城镇化率（%）	建制镇总数（个）	城市总数（个）	工业化率（%）
2001	48064	127627	37.66	20274	662	39.74
2002	50212	128453	39.09	20601	660	39.42
2003	52376	129227	40.53	20226	660	40.45
2004	54283	129988	41.76	19883	661	40.79
2005	56212	130756	42.99	—	661	41.76
2006	58288	131448	44.34	17652	656	42.21
2007	60633	132129	45.89	16711	655	41.58
2008	62403	132802	46.99	—	655	41.48
2009	64512	133450	48.34	—	655	39.67
2010	66978	134091	49.95	19410	658	40.03
2011	69079	134735	51.27	—	658	39.84
2012	71182	135404	52.57	—	658	38.48
2013	73111	136072	53.73	20113	658	—

资料来源：有关年份《中国统计年鉴》。

第二节　中国城镇化建设取得的显著成就

从我国城镇化进程分析，虽然起步晚、建设资金少，但是，在集中全国力量建设城市的背景下，我国城镇化建设取得了重大成就。一是城市功能不断完善，产业快速发展，交通便利，公共服务不断优化，城市的居住条件和居住环境得到持续改善。二是随着户籍制度的放松，农民工和大学生、私营业主落户的条件逐步放开，城市人口的规模快速扩张。三是城镇体系建设逐步完善，大城市及周边的城市圈、城市群的发展，形成了功能互补、资源共享、产业梯度发展的格局。从城镇率的指标来看，我国城镇化水平与世界发达国家的差距明显缩小，一些城市的指标更是接近国际水平。在供给侧改革和克服经济新常态带来的经济下行压力下，只有继续做好城镇化建设，才是扩大内需、提升产业发展的关键动力源泉。在 2014 年公布的到 2020 年的新型城镇化发展规划中，对此进行了具体部署，对存在的问题进行分析，对重点任务给予明确，要求人口城镇化率达到 60%。

一　城镇人口迅速增加，城镇化率不断提高

新中国成立之初，城镇化开始起步，虽然受到战后恢复期的影响，发展缓慢，但是，仍然具有划时代的意义。改革开放后，掀起了全国城镇化发展的高潮，从东南沿海到内地，城镇的规模越来越大，城镇人口和城镇数量显著增加，水平不断提高，人口城镇化率逐年上升。新中国成立之初，我国城镇人口仅为 0.58 亿，到 1978 年，我国城镇人口增加到了 1.7 亿，尤其是改革开放以来，城镇人口迅速增加（见图 2–6），增加了 5.6 亿人。伴随着城镇人口的迅速增长，我国城镇化率也不断提高（见图 2–7）。从 1949 年的 10.64% 提高到 1978 年的 17.92%，改革开放以后，我国城镇化率稳步提高，截至 2015 年，我国城镇化率达到 56%，人口 7.7 亿。

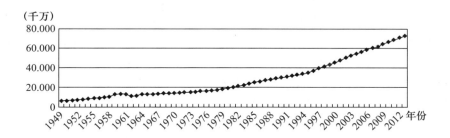

图 2–6　1949—2013 年中国城镇人口变化趋势

资料来源：有关年份《中国统计年鉴》。

二　城镇基础设施日趋完善，城镇服务功能显著提升

改革开放后，随着城镇人口和城镇数量的快速增长，我国现有的城镇基础设施已经无法满足日益增加的城镇人口快速增长的需求，全面提升城镇基础设施建设和公共服务的投入，教育、医疗和社会保障全面覆

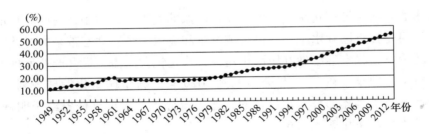

图 2 - 7　1949—2013 年中国城镇化率变化趋势

资料来源：有关年份《中国统计年鉴》。

盖，城镇的服务功能得到了强化。随着房地产市场化和高等教育产业化改革，大学的招生规模也快速增大，大学的升学率大幅提高，为城镇化发展提供了优质的人才。与此同时，人居环境得到了改善，人均住房面积和人均绿地面积显著提高，宜居宜业成为城镇化发展的目标。在城镇基础设施建设方面，我国城镇的用水普及率从 1990 年的 48% 提高至 2000 年的 63.9%，再提高到 2012 年的 97.2%，普及率大幅度提高。燃气普及率由 1990 年的 19.1% 增长到 2000 年的 44.6%，进而增长到 2012 年的 93.2%。在公共服务设施方面，人均道路面积从 20 世纪 90 年代的 3.1 平方米提高到 21 世纪初的 6.1 平方米，再提高到现在的 14.4 平方米，每隔 10 年增加一倍，交通条件大为改善。人均住房面积每隔 10 年都有大幅提高，从 20 世纪 90 年代的 13.2 平方米上升到 21 世纪初的 20.3 平方米，再到现在的 32.93 平方米，居住条件大幅改善。我国人均公园绿地面积在 1990 年仅为 1.8 平方米，到 2000 年提高到 3.7 平方米，人均公园绿地面积不断提到，到 2012 年达到 12.3 平方米。污水处理率从 1990 年的 14.8% 提高到 2000 年的 34.3%，再提高到 2012 年的 87.3%。在教育医疗方面，我国普通中学从 2000 年的 14473 所提高到 2012 年的 17333 所，病床数在 2000 年为 142.6 万张，到 2012 年达到了 273.3 万张（见表 2 - 4）。

三　城镇规模不断扩大，城镇体系不断完善

我国城镇化快速发展，撤乡并镇运动使得我国建制镇的数量快速增加，从 1978 年的 2000 个左右增加到现在的 2 万个。城市的数量伴随着县改市、县改区的工作推进，城市数量从改革开放前不足 200 个增加到 2013 年的 658 个。通过限制特大城市，鼓励发展中小城市，我国城镇体系不断完善，形成了特大城市与周边中小城市梯度发展的层次与格局。

表 2 - 4　　　　　城市基础设施和服务设施变化情况

指标	1990 年	2000 年	2012 年
用水普及率（％）	48	63.9	97.2
燃气普及率（％）	19.1	44.6	93.2
人均道路面积（平方米）	3.1	6.1	14.4
人均住宅建筑面积（平方米）	13.2	20.3	32.9
污水处理率（％）	14.8	34.3	87.3
人均公园绿地面积（平方米）	1.8	3.7	12.3
普通中学（所）		14473	17333
病床数（万张）		142.6	273.3

资料来源：有关年份《中国统计年鉴》。

城镇体系逐步完善，尤其是大城市的发展一枝独秀。1978 年，我国尚无 1000 万以上人口的大城市，人口超过 500 万的城市有两个，300 万—500 万人口城市有两个，100 万—300 万的城市有 25 个，50 万—100 万的有 35 个，50 万以下人口城市有 129 个，占我国城市数的 66.8％。经过发展，目前我国拥有北京、上海、天津、广州等 6 个 1000 万人口以上的大城市，500 万—1000 万的人口城市增加到 10 个，300 万—500 万人口城市增加至 21 个，100 万—300 万人口城市为 103 个，50 万—100 万人口城市为 138 个，人口在 50 万以下的城市为 380 个（见表 2 - 5）。

表 2 - 5　　　　　城市（镇）数量和规模变化情况　　　　　单位：个

	城市类型	1978 年	2010 年
城市	1000 万以上人口城市	0	6
	500 万—1000 万人口城市	2	10
	300 万—500 万人口城市	2	21
	100 万—300 万人口城市	25	103
	50 万—100 万人口城市	35	138
	50 万以下人口城市	129	380
	合计	193	658
建制镇		2173	19410

资料来源：有关年份《中国统计年鉴》。

在我国现有的城镇体系下，各种层次的城市之间实现了协调互动。根据自身的规模、等级和区位优势做好自身在城镇体系中的定位，发挥着自己的功能和独有的作用。比如，特大城市作为区域经济发展中心、政治中心、高等教育集中地的优势，发挥着对周边城市的辐射带动作用。中小城市的发展实力较小，辐射的范围小，发挥着与区域中心城市的功能配套作用。小城镇则发挥着农村地区的集贸市场、交通枢纽和政治中心的作用。城镇之间的分工协作能力日益增强，城镇之间的联系愈加密切，城市群和城市圈不断涌现出来，并通过其辐射功能，进一步形成周边区域的经济发展带。在增长极、发展带的理论影响下，我国的城市群和城市圈的发展对地区经济发展作用明显，比如，长江经济圈—城市群、珠江经济圈—城市群和沿长江经济带—城市群等，在空间结构布局和产业布局方面发挥着重要的引领和带动作用，实现了区域内的资源共享、功能配套和人才交流，成为区域经济与社会发展的重要引擎。

第三节　中国城镇化发展进程中存在的主要问题

在看到我国城镇化建设成绩的同时，参照国际标准和自身发展存在的矛盾和问题，今后我国的城镇化也面临着许多挑战。特别是出现的问题必须要引起我们的高度重视，主要是"半城镇化"现象严重、土地城镇化矛盾突出、城镇化发展面临资金"瓶颈"等问题。

一　"半城镇化"现象严重

"半城镇化"现象是指 20 世纪 90 年代中期以后，我国大量农村人口进入到城市就业与生活，但是却无法彻底转移到城镇，从而出现了"钟摆式移民"的特殊现象。2013 年，中国城镇化率为 53.73%，但是，户籍人口的城镇化率却只有 35.7%，这意味着高达 2.45 亿的户籍在农村的人口被计算作为城镇人口。农民工由于学历层次低、劳动技能低、收入低等缺乏将户籍转入到城市的依据，受到户籍限制，他们常年在城市打工，有的子女也在城市生活、读书，但是，从其身份来看，仍然是农民的身份，虽然现在统称为居民，但又不是市民，这种现象被称为"半城镇化"。1978—2013 年，我国常住人口城镇化率一直高于户籍

人口城镇化率（见图 2 - 8）。工作性质已经转换，但仍未在户籍上得到
认可，所以，不能享受各种市民的社会保障，包括住房补贴和社区服
务，也享受不到公共财政提供的义务教育，只能每年无奈地往返于城乡
之间，构成了中国独特的"半城镇化"现象。进城务工，使得农民工
的工作摆脱了农业，但是，他们的内心并不能真正融入城市中来，社会
福利与教育和就业机会不平等，限制了他们的长远发展和素质提升，社
会地位仍是"漂流一族"。

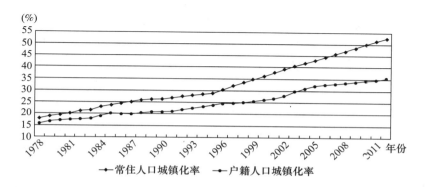

图 2 - 8　1978—2013 年常住人口城镇化率与户籍人口城镇化率

资料来源：国家统计局历年公布的《国民经济和社会发展统计公报》。

　　尽管大量的农民工实现了农地非农化，但是却没有进入城市，没有
实现其农民的身份和地位，这极大地限制了农民工素质技能提高，也不
利于农民工社会地位的提高。

二　土地城镇化矛盾突出

　　在城镇化推进过程中，我国土地城镇化矛盾尤为突出。一般而言，
在城镇化推进过程中，常用的衡量城镇化的指标有两个，即土地城镇化
和人口城镇化。在过去城镇化的进程中，我国的土地城镇化超前发展，
而人口城镇化则落后较多。这其中的原因是户籍制度限制了只有特定人
群才能落户，而造城运动带来的 GDP 和财政收入的好处，促进了各地
圈地建城的积极性。就国际经验来看，土地城镇化高于人口城镇化
17%—18% 是正常值，而我国的数据显示，超出了国际标准 7—9 倍。
这说明我国人口城镇化严重滞后土地城镇化，1990—2000 年，我国土
地城镇化速度比人口城镇化速度快 1.71 倍。2000—2010 年，土地城镇

化速度比人口城镇化速度快了 1.85 倍。

纵观近十四年来的城镇化发展,我国土地城镇化增长率与城镇人口增长率两者之比为 1.67,这远远超出了国际社会平均的 1.12。由此可见,我国土地城镇化矛盾日益凸显,与人口城镇化发展进程相比,土地城镇化的步伐明显过快。因此,在我国城镇化推进过程中,要防止城镇化向房地产化方向发展,同时,也不能人为地、过度地进行造城运动以避免出现"空城""鬼城"等社会问题。这些都是粗放利用土地的典型,没有重视城市发展的产业与功能配套,仅仅是实现了城市的扩张。在城镇化建设中,粗放低效地进行"摊大饼"式的扩张,没有充分考虑到当地城镇化建设的实际情况而过分追求形象工程,极大地浪费了土地资源。土地城镇化的圈地运动方式有兴建新城区、建设开发区和各类名目繁多的工业园区,这些都是以产业带动为主的城镇化,并没有达到预想的目标,结果造成了有房地产无产业、有房地产无城市配套、人民不愿意居住的尴尬境地。从数据来看,建设用地每年都在增长,城镇建设用地占全国建设用地的一半以上,每年增加 357 万亩。城镇化的扩张超过人口城镇化的发展,忽视了城市主体的感受。更有地方政府扩张土地的核心目的是获得土地出让收入,他们多用土地抵押换来融资资金。有的开发商在缺乏住宅建设积极性时,就闲置土地,并不进行开发,坐等土地升值。在一些地区,房地产开发商在这些土地上圈地养羊、种草,并未进行实质性开发。这加剧了土地的粗放、低效利用现象的发生,激化了土地城镇化与人口城镇化之间的深层次矛盾。

三 城镇化发展面临资金"瓶颈"

在我国城镇化进程中,融资难是一大难题,城镇化建设面临着资金"瓶颈"。由于我国人口众多,城镇化每增加 1 个百分点就意味着有1300 多万人要进城,城市住房、基础设施、公用事业、医疗卫生以及各阶段的教育等都要与之配套建设,因此,城镇化建设需要巨额的资金投入。在前期扩张的过程中,地方政府发行了大量债务。2013 年的数据显示,各级政府的直接债务超过了 20 万亿元,如果再考虑政府的其他债务,总债务将超过 30 万亿元。其中,地方政府的债务约为 18 万亿元,占一半以上。由此可见,政府偿还旧有债务的压力已经很大,未来的资金需求将是城镇化发展面临的主要难题。而且地方政府在大包大揽的计划经济影响下,采用的投融资模式传统且单一,涉及领域过多和范围过大，没有对投资项目进行分类处理，从而影响了政府的职能边界，使公共产品供给效率不高，在缺乏民间资本注入的前提下，导致了高债务率。因此，城镇化建设需要找到一条平衡、健康、可持续的投融资之路。

依据掌握的资料分析，我国城镇化建设融资"瓶颈"有以下四个：

第一，投资主体过于单一，与庞大的资金需求形成鲜明的对比，与城镇化基础设施建设的资金需求不匹配。就现阶段而言，我国财政资金投入在城镇化建设中占主导地位，但财政资金毕竟有限，况且我国部分地区的地方财政收入增速已经大幅回落。

第二，我国的担保体系尚不健全，小城镇的发展缺乏融资渠道。当然，中小微企业的快速发展可以为小城镇发展提供强有力的支撑，但资金短缺也是制约中小微企业发展的首要问题。中小微企业到银行借贷难度大，需要担保的成本高，这是中小微企业不愿通过担保融资的关键，有的甚至采用行业协会内部短期借贷或民间借贷解决。

第三，金融机构对城镇化建设的投资兴致不高，倾向于有短期还款能力的企业、个人借贷，以降低金融机构的投资风险，避免呆坏账。而城镇化建设项目的周期长且多为公益性，项目本身可能无法产生良性的现金流，还款来源具有不确定性，这就需要政府补贴或提供政策优惠维持运营。但是，这种不确定性也导致了金融机构对城镇化建设项目投资缺乏积极性。

第四，城镇化建设的融资渠道比较狭窄，缺少多元化、多层次的投融资体系。这在本章后面的章节中将会详细展开讨论。

四　城镇资源环境承载力地域差别大

城镇化进程中，中西部地区的城市发展起步晚，但空间大，而东部地区的人口密集、城市规模大，从全国范围来看，城镇空间分布具有不均衡性。首先，东部地区经济实力强，城镇化率高，导致各种"城市病"的出现，严重超负荷运转。而中西部地区具有面积广、经济发展落后的特点，可以承载更多的经济发展和人口，但空间分布上不合理。其次，我国城镇化进程中的城市群布局并不科学，有些城市群内部缺乏分工协作机制，导致城市群的集群效应不明显。最后，特大城市的发展集中在主城区，在郊区的发展比较缓慢。以北京为例，具有总部性质的企业90%以上集中在四个主城区，优质的医疗、教育资源也集中在东城、西城、海淀、朝阳城区，而其他区的城市功能较少，这种人口与资源环境承载能力之间的矛盾与日俱增。我国小城镇虽然数量众多，但普遍规模较小，基础设施不健全，缺少服务功能，在空间分布和规模上不尽合理，这就需要在今后的城镇化建设道路上充分重视挖掘小城镇的发展潜力。

五　城乡之间以及区域之间发展不平衡

虽然城乡一体化提出了很多年，但是，在实际建设过程中，城乡之间的差距不是在缩小而是在扩大，农民的收入、农村的基础设施建设、公共服务建设远远落后于城镇。2000 年，我国城乡居民收入差距为4027 元，到 2012 年，其收入差额已达 16648 元，城乡差距呈现出日益扩大的趋势。此外，不同区域的城镇发展具有不均衡性，城镇之间的资源分配机会不公平。2012 年，我国东部、中部、西部地区的城镇化率分别为 62.2%、48.5% 和 44.7%，可以看出，中西部地区的城镇化进程已经明显滞后。2000—2012 年，我国东部、中部、西部城镇建成区面积分别增长了 13120 平方千米、5010 平方千米和 4997 平方千米，如表 1-6 所示，东部地区城镇建成区面积增长了 1.27 倍，而中西部地区城镇建设速度增长了 82.5%。截至 2012 年，我国人口在 400 万以上的城市，大多分布在东中部地区，而西部地区仅有重庆、成都和西安 3 个，200 万—400 万人口的地级以上城市东中部有31 个，西部仅有 4 个，是西部的近 8 倍。人均占有的社会服务设施和资源方面，西部远远低于东部。①

表 2-6　　　　　　　　　2000—2012 年我国建成区面积　　　　单位：平方千米

建成区面积	2000 年	2005 年	2010 年	2012 年
东部地区	10303.6	16865.9	20390.3	23423.5
中部地区	7371.0	9094.3	11201.7	12380.5
西部地区	4764.7	6560.5	8466.1	9761.8

资料来源：有关年份《中国统计年鉴》。

---

① 有关年份《中国统计年鉴》。

第四节　中国新型城镇化发展目标和要求

针对我国城镇化建设过程中出现的诸多矛盾和深层次问题，我国国家高度重视，国家相关部门及时出台了《国家新型城镇化规划（2014—2020 年）》，在规划的引导下，促进了全国各地对新型城镇化的积极探索。但是，随着我国经济进入新常态之后，各地的经济发展都受到了较为严重的影响。为了解决存在的问题，2016 年，就新型城镇化建设的发展要求专门出台了办法，要求从农业人口市民化、创新投融资体制、城乡一体化发展、提升城市功能等十个方面深入推进新型城镇化。

一　我国新型城镇化建设的两个原则

我国推进新型城镇化发展，必须要遵循两个重要的原则。

（一）新型城镇化要实事求是，不能搞"大跃进"

城镇化发展必须要从客观条件出发，不能搞 GDP 主义的政绩工程。城镇化发展是可持续的发展，要充分考虑地方土地资源、人口素质和产业发展的实际，既要积极谋篇布局，也要顺势而为，水到渠成。尊重国内外已经积累形成的城镇化发展规律。过去，我国的城镇化评价标准单一，主要评价指标是人口城镇化，并没有考虑城市发展的产业基础，更没有从资源禀赋、承载力等方面进行统筹考虑。新型城镇化要借鉴国外的成功经验，汲取拉美城镇化失败的教训，不能单纯复制国外的成功模式，更不能走传统的房地产化、圈地模式的城镇化路子。要在人口资源、产业发展和城市功能等多方面统筹、协调的前提下，走环境友好、可持续、有特色的城镇化之路。

（二）新型城镇化要以人为本，注重提高质量

改变过去城镇化建设中只重视交通基础设施建设、房地产建设和工业园区建设的做法。这在追求政绩的要求下不得已而为之的做法。而新型城镇化应摒弃传统做法，要以人为本。规划明确了以人为本城镇化的要求：一是突破户籍局限，促进常住人口市民化，以保证他们能够不断地共享城市发展成果，提高人口素质和生活质量，提高幸福指数；二是以城市群建设为主体，依据资源环境的承载力，合理布局域镇体系，促进各类城市的功能配套、资源互补、协同发展；三是在城镇化发展理念

上要与国际接轨，坚持绿色发展、集约发展的思路，在土地、水、能源的利用上避免浪费；四是深入挖掘地方文化，培育有文化内涵的城市，避免千城一面，不要成为外国某一个模式的简单复制品，形成符合当地实际、各具特色的城镇化发展模式，注重历史记忆、文化脉络、地域风貌、民族特点多种要素的融合发展。

二　我国新型城镇化建设的目标

2014 年，国家颁布的新型城镇化发展规划对城镇化发展目标进行了总结，今后一段时期内，我国城镇化建设将围绕以下目标实施：

（一）明确了未来新型城镇化的评价指标体系

在城镇化评价方面，重视人口城镇化指标，具体包括常住人口和户籍人口城镇化率、户籍人口和常住人口城镇化率方面的差距、农业转移人口和其他常住人口的落户率等内容。明确指出，到 2020 年，以上指标要达到 60%、45%、2 个百分点和 1 亿人口。2015 年的统计数据显示，我国常住人口城镇化率为 56.1%，户籍人口城镇化率为 39.9%。从现有数据分析，今后每年落户城市的人口在 1300 万人以上。

（二）新型城镇化要求格局优化，均衡发展

从全国来看，今后的城镇化格局为"两横三纵"。东部地区城镇化建设早，经济实力雄厚，城镇化规模大、数量多，主要发展城市群，从城镇体系之间的协调发展方面走出一条新路子。中西部地区，城市的周边多为发展落后的农村，定位是成为区域经济发展和社会发展中心，充当地区经济发展的增长极和发动机。从总体上看，我国长期以来一直重视特大城市、大城市的发展，"马太效应"促使这些城市越来越庞大，但是，中小城市发展严重滞后，而且对经济发展的带动作用明显不足。因此，必须要学习美国、日本、欧洲等发达国家的经验，今后要大力促进中小城市的发展。

（三）规划对城市发展的模式提出了科学合理的目标

十八届六中全会提出五大发展理念，新型城镇化也要以此为指导。通过在城市建设中植入绿色发展理念，在企业发展、居民生活消费、人居生态环境保护等方面倡导高效、集约的发展模式，以绿色产品生产与采购、绿色消费理念、绿色交通运输等，提升城市品位。压缩人均城市建设用地面积，将粗放型开发模式转化为紧凑型开发模式，贯彻城市空间布局集约、产业布局合理、生活设施配套、共享经济发达的新城镇建

设的思路。

（四）摒弃见城不见人的发展思路，注重人本城镇化

市民是城市的主体，文化是城市的灵魂。过去，以 GDP 主义为指导的城镇化只重视城市的建设，重视楼宇经济的发展，缺乏对历史文脉的挖掘，人文关怀不足，被称为造城运动。新型城镇化要从宜居宜业角度出发，重新规划布局，将宜居和生活便利作为第一原则，将房地产开发与教育配套、就业养老、医疗健康和住房保障等统筹考虑，实现基本公共服务全面覆盖和均等化。在公共基础设施建设方面，要将与生活配套的设施一起规划与建设。注重提升城市的品位，培育文化特色，注重智慧城市、智能城市建设，凸显城市个性，不走千篇一律的复制造城模式。

（五）形成不断完善城镇化的体制与机制

当前，阻碍城镇化发展的体制机制影响新型城镇化发展的速度与质量。消除行政壁垒，运用大数据技术和云计算，将传统的户籍管理、土地资源管理、行政管理进行统一管理，对于无法律依据的各种收费和行政权力、文件处理要跟进，该撤销的撤销、该放权的放权、该整合的整合，将权力关进笼子里。总之，以利于新型城镇化建设为宗旨，深化体制机制改革。

三　我国新型城镇化建设的要求

2016 年 2 月，国务院出台的《关于推进新型城镇化建设的若干意见》，共有 36 条措施 10 个方面的内容，这是在新形势下提出的中国特色新型城镇化道路的任务。总体要求是要以五个发展理念为引领，充分释放新型城镇化蕴藏的巨大的内需潜力。总体的要求是"坚持点面结合、统筹推进""坚持纵横联动、协同推进""坚持补齐短板、重点突破"。

从总体要求来看，核心问题是通过深化改革来解决当前新型城镇化建设中面临的各种深层次矛盾和问题。这些要求主要是针对前期城镇化过程中存在的问题，结合习近平同志的重要讲话精神提出来的。以改革的深化解决深层次的矛盾，以服务社会、服务市民为核心，整理各种制度，对存在的问题进行整改，对不利于城市发展的制度安排进行调整，当前的重点是解决户籍制度、居住证制度的衔接，推进基本公共服务能够覆盖城镇的常住人口，促进农业转移人口的市民化。

在城市功能完善方面，从城镇发展的整体去考虑，切实提高城镇化建设的水平。从天上、地上、地下形成立体交通网络，提前布局地下管

网，推进节水城市、海绵城市、智慧城市建设。对于老城区，进行结构性改造，在保护原住民利益的基础上，实施城中村改造；对于影响安全的危旧房进行修缮，具有文物古迹意义的古建筑进行修复与保护。在城市布局方面，更为重视城市的格局，促进以城带乡的城乡协调发展。完善相关的土地利用制度、城镇住房制度等要求。城市产业的发展是城镇化的关键，不同城市依据城市定位发展产业，延伸产业链，中小城市要嫁接第二、第三产业，通过第三产业提升城市品位，通过第三产业的发展带动农业、第二产业的融合发展。

从本书的角度来看，特别强调创新投融资机制。首先，深化政府和社会资本合作，根据城市建设的类别，区别对待，以便吸引广泛的社会资本参与城市建设的积极性，积极探索经营性、准经营性和非经营性项目的不同合作模式。其次，创新服务产品，增加政府建设投入，吸收金融机构的投资是新型城镇化建设的必要抓手。

第五节　城镇化相关理论基础

城镇化建设的实践必须要有相关理论的支撑，虽然实践具有丰富性，但毕竟学者在长期研究城镇化建设进程中形成的规律性认识具有一定的指导意义。没有革命的理论，就没有革命的实践。本书对资本主义国家的学者提出的相关理论进行了系统梳理，主要有非均衡发展理论和均衡发展理论两大类。前者强调城镇化建设的非均衡发展，后者强调大中小城市的均衡布局。

一　增长极理论

法国经济学家佩鲁最早提出了增长极理论。在区域经济发展进程中，由于天然形成的自然地理位置和资源禀赋，以及人类在后天的选择时，只能集中比较有优势的资源，重点发展某个地区，通过培育增长极的方式，将周边的优势资源在这里聚集，实现该地区的优先发展。增长极理论的提出，解决了均衡发展理论中出现的贫困恶性循环问题。因为城市的发展是需要门槛的，如果不能先集中优势资源，发展某个地区，而是均衡用力，则会造成各地区都发展不好的情况。增长极理论有两个阶段，在第一个阶段，增长极区域会将周边的优势资源通过极化作用全部吸收到城镇中来；在第二个阶段，增长极区域又会将城市功能的部分释放出来，反过来辐射周边地区的发展。增长极理论强调应通过壮大增速最快的极点，迅速影响周边地区的发展。

布德威尔继承了该理论，并进一步认为，城镇应是区域经济的极点。这就把城镇化的发展和增长极理论有机地联系起来，其原理和佩鲁的观点是一致的，只不过是认为增长极的极点和城镇重合。从现实来看，城镇的发展都具有一定的历史渊源，有的是政治中心、交通要道、集中了某类资源等。由于天然的优势，可以让某些人类活动在这里开展，有利于节约时间或成本，而且会产生较好的效益。在工业文明引导下，如果从规划的角度，集中周边的优势资源，从现代城市的功能方面进行建设，则会强化城镇的原有优势，产生更强的极化效应。由此，这个城市将会像滚雪球一样，越滚越大，产生了要素的集聚，创新不断地产生，产业链也会不断地延伸和完善，通过产业发展的乘数效应，会进一步地放大城镇化的效果。当然，我们也应看到，城市的承载力是有限的，不可能无限地扩张下去，当成本高于周边地区的时候，某些产业、要素就会选择离开城市，到周边地区发展。这时，会出现逆城市化的要素反向流动。创新成果、技术和产业的扩散会辐射到周边地区，并带动周边区域的经济社会升级。

增长极理论为我国新型城镇化的发展提供了参考，如何在城镇化建设的初期出现极化现象，快速吸纳周边的生产要素，形成产业集聚效应，以完善现有的产业，促进创新成果；在城市发展的后期，为了避免"城市病"的出现，合理地将城市的部分功能外迁到更适合其发展的周边地区，带动周边地区产业的升级，形成中心—周边和谐发展、互动发展，放大城市的扩散效应，从而推进我国城镇化进程的加快。

二　城市进化理论

城市进化理论认为，城市化的演进具有规律性，并且与经济结构转型关系密切。城市化的进程要经历城市化、郊区化、逆城市化和再城市化四个发展阶段。这种观点类似"天下大势，合久必分，分久必合"的思想。与此相对应，城市化进程也分为绝对集中阶段、相对集中阶段、相对分散阶段和绝对分散阶段。

这四个阶段是随着工业化的不同阶段而诞生的。在工业化初期的绝对集中阶段，手工业比较发达，劳动效率高、利润高，需要大量的工人和资金，因此，这些生产要素出现了向城市转移的趋势，同时，城市人口快速增长，规模扩大。

相对集中阶段指的是工业化的成熟时期，随着工业化进程的不断加快，城市基础设施与公共服务设施不断完善，原先由一个工厂生产的全部产品，现在出现了分工与合作，特别是组装技术的出现，各种零部件生产标准化，没有必要将所有的零部件都在一个厂家生产，因此，随着技术的成熟和产业链的延伸，形成了龙头企业—外围企业的发展模式，现有的城市规模难以满足日益增长的城市人口的基本需求，从而推进城市化进程朝着郊区化方向发展，将城市人口以及城市基础设施和公共服务设施转移至郊区以避免由于主城区城市人口过多而导致的"城市病"。城市郊区化是城市化进程不断推进的产物，城市集中度越高，土地资源相对稀缺，价格上升，有些低端产业支付不起高昂的房租，会向郊区转移。

相对分散阶段是后工业化的初期阶段，随着第三产业的发展，大批劳动力从第二产业转移出来从事生产服务业。在这个阶段，由于主城区的生态环境与基础设施、公共服务设施逐渐开始落后于郊区，大量的工业和服务业逐步转移至郊区，从而使得人口大规模向郊区流动，郊区人口的增速远超主城区人口增速。

绝对分散阶段对应的是后工业化的成熟时期，这个阶段，第三产业比重逐步开始超过第二产业，有的城市第三产业占 70% 以上，第三产业具有利润高、知识含量高、辐射作用强的特点，比如金融产业、总部经济、高科技产业等，人口开始向郊区流动，城市的人口规模逐步下降。此时，富裕阶层开始带着技术、资金到郊区发展，城市化进程进入了逆城市化阶段。

根据城市进化理论，我国在城市化进程中要依据城市化进程合理布局相关产业，尊重市场经济发展规律，避免政府过度干预，防止城镇畸形发展。

三 城市群发展理论

在城镇化进程中，由于城市间分工协作的加强，城市之间的联系日益密切，涌现出了一批城市群。城市群的形成可以进一步增强其极化效应，促使城市群的自我发展。同时，城市群也有着巨大的辐射带动作用，通过城市群的发展，可以有效地带动周边区域的经济社会发展。城市群理论对我国的城镇化建设具有着重要的指导意义。

城市群理论认为，城市群通过城市之间的分工协作，通过便捷的交通网络，实现资源和要素的自由流动，形成相互制约、相互依存的统一体。一般而言，城市群的发展基于以下原因：相似的生产结构和产业结构、便捷的交通网络、相互独立但又便于交流的空间距离。根据经验数据，城市群的人口大于 1000 万，城市密度大于每万平方千米 0.5 个，城市的数量大于或等于 5 个，人口密度大于每平方千米 300 人，城市化水平高于 20%。

城市群的发展一般要经历孤散城市、城市聚集区、城市密集带和大都市连绵区四个发展阶段。在我国的城镇化建设中，为了促使城镇体系以及城镇空间结构更加趋于合理，应该科学地引导城市群的发展。目前，应大力发展长三角城市群、珠三角城市群、京津冀城市群、中原城市群、成渝城市群、武汉城市群等，实现集聚经济的效果，提高区域经济的整体竞争力。

四　城镇化发展阶段理论

城镇化的发展阶段既要依据国家的发展阶段，也要考虑工业化进程。本书主要分析诺瑟姆 S 形曲线理论以及范登堡的城镇化三阶段理论。

（一）诺瑟姆 S 形曲线理论

1975 年，美国地理学家诺瑟姆提出了城镇化发展 S 形曲线理论。诺瑟姆将城镇化划分为起步发展阶段、加速发展阶段和后期发展阶段（见图 2 - 8）。主要研究对象是城市人口占总人口的比重，将这些比重通过描点，发现其轨迹变化的全过程呈现出一条稍微拉平了的 S 形曲线。根据诺瑟姆的研究，城镇化率处于 10%—30% 时为城镇化起步发展阶段，农业是主导地区经济发展的重要产业，城镇人口数量少，城镇化水平低、发展缓慢，这与农业经济的积累率低有关。当城镇化率在 30%—70% 时，城镇化进入到加速发展阶段，在这个阶段，随着工业化进程的不断加快，为工业服务的第三产业从第二产业分离出来，吸纳了大量的高端人群，第三产业的利润高、知识密集，为城镇化的发展注入了强大的动力，特别是金融机构的发展，为城市的发展注入了庞大的资金，交通运输和物流的发展加快了产品的周转，城镇化水平不断提高。当城镇化超过 70%以后，城镇化进入到了后期发展阶段，这个阶段出现了逆城市化现象，农村人口不再向城镇转移，城镇人口逐步向郊区转移，城镇化发展进程缓慢，甚至出现停滞。

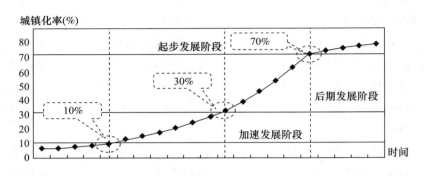

图 2 – 9 诺瑟姆 S 形曲线

依据 S 形曲线理论，我国除北京、上海、广州等特大城市处于第三阶段外，其他城市均处在第二阶段，中西部地区的乡镇尚处于第一阶段。为此，应根据城镇发展的阶段性特征，布局相应的产业，为我国城镇化建设提供动力。

（二）范登堡的城镇化三阶段理论

英国范登堡提出了著名的城镇化三阶段理论，其论述集中在《欧洲城市兴衰研究》一书中。他的主要观点有：将城镇化进程划分为典型的城镇化、市郊化、反城镇化与区域内分散三个发展阶段。其他两个阶段的特点与其他学者相似，他认为，城镇化在经历市郊化阶段后，随着城镇化进程的不断推进，自然环境日趋恶劣，已经严重阻碍城市的发展。这是典型的工业发展模式的城镇化阶段。我国北方出现的冬天雾霾天气，大城市的缺水、交通拥堵等，让我们必须重视范登堡的提醒。

第三章　新型城镇化内涵与国外典型城镇化发展模式

新型城镇化有着独特的内涵，是针对传统城镇化进程中存在的缺陷，在结合国外城镇化发展经验的基础上提出的新概念。本章介绍传统城镇化和新型城镇化的区别及联系，对新型城镇化的典型特征进行概括。在借鉴发达国家城镇化典型模式及其启发下，指出产城一体化是我国建设新型城镇化的重要路径。

第一节　新型城镇化的内涵与特征

一　传统意义上城镇化的内涵

由于学科研究的差异，所以，我国学术界对城镇化的内涵进行差异化的界定，各有侧重。

从经济学视角来看，城镇化是产业梯度转移的结果。伴随着工业化进程，生产的要素逐渐在某一个地区集中，围绕某一个产品的生产，逐渐衍生出配套产业，市场交易、资源互通、资金聚集等效应促进城镇功能的完善。城镇的发展进一步满足了产业发展的需求，满足了教育、医疗、住宿、治安等社会服务需求。城镇化与地区经济发展同步进行，互为表里。在人口学看来，城镇化的实质体现为农村人口的市民化，城镇化进程表现为农村人口向城市流动并在此就业、生活，最终成为城镇人口的过程。地理学认为，城镇化的实质是地域的转变，也就是农村地域转变为城镇地域的过程，城镇的发展带动了社会生产力的提高，促进了农村地域人口向城镇地区转移，进而农民定居点向城市转移。社会学关注城镇化进程中人们生活方式、生产方式和价值观的转变，城市生活打破了农村的落后、封闭与保守，更为包容、合作与分享，体现了社会的进步性，这也是农村追求城市生活的重要表现。

撇开学科差异，城镇是与农村相对应的一个共同体，城镇化是一个动态过程，体现了农村人口向城镇转移，农村居住点向城市居住点的转移，价值观念和生活、生产方式的变迁等。城镇化进程与产业发展的阶段相一致，随着城镇人口的增多、产业的发展，城镇的功能也逐步完善。人与人之间的关系、对社会的看法等也发生了根本性的改变，农民的生活方式淡化，进而逐渐适应城市的生活方式。

二 新型城镇化的内涵

新型城镇化具有中国特色，与传统城镇化和西方国家的城镇化有着本质的区别。新型城镇化是在我国提出一系列新的发展理念背景下提出的城镇发展理念，其主要内涵有：与西方国家的城镇化重视物质财富的积累不同，新型城镇化更强调以人为本，以居住在城镇的居民为中心，考虑城镇化的功能布局；新型城镇化更强调产业发展对城镇化的推动作用，通过新型工业化的发展带动城市产业链的延伸，为城市的发展提供不竭动力源泉；与传统的城镇化重视房地产开发模式不同，强调城市的集约发展、提高土地利用效率；与过去重视大城市发展不同，更强调农村的城镇化建设，走城乡一体化发展的路子，实现城市体系的完善。[①] 此外，新型城镇化不是孤立发展的，而是要与新型工业化、信息化以及农业现代化共同发展，相互支撑，协调互动发展。

三 新型城镇化是对传统城镇化的扬弃

新型城镇化是在对过去城镇化存在问题进行总结的基础上提出的新理念，并不是完全抛弃传统的发展模式，另起炉灶，而是在科学发展观、绿色发展基础上的扬弃，两者既有区别又相互联系，见表 3 - 1。

新型城镇化与传统城镇化具有明显的区别，主要体现在发展理念、侧重方向等方面。从发展理念方面来看，传统城镇化以 GDP 为指导，侧重物质财富的增加，特别是财政收入，往往忽视企业和市民的主体地位。而新型城镇化则重视人的发展，以人为本，强调通过城市的发展来促进人的素质提高，最终实现人与城市共发展的局面。从侧重方向来讲，

---

① 易小平：《中国新型城镇化道路的探索与展望》，《武汉学刊》2013 年第 4 期，第 40 页。

表 3 – 1　　　　　　　　　　传统城镇化与新型城镇化的关系

		传统城镇化	新型城镇化
区别	发展理念	GDP 为纲，追求物质财富的增加	以人为本，实现人的全面协调发展
	侧重方向	城镇规模及城镇化增长速度	优化城镇质量，致力于人口、经济、自然的协调发展
	城乡关系	重城轻乡、城乡分治	致力于实现城乡一体化发展
	主体	各级政府机关	企业、农民工、市民等
	推动方式	"自上而下"为主，"自下而上"为辅	"自下而上"为主，"自上而下"为辅
	动力机制	主要来自传统工业化	结合信息化、新型工业化、农业现代化及现代服务业等多力支撑
	政府与市场关系	以政府为主导，忽视市场在城镇化建设中的作用	市场主导、政府引导
联系		新型城镇化是对传统城镇化的扬弃，在继承发展传统城镇化的过程中，新型城镇化吸取了传统城镇化的经验教训，在城镇化的进程中积极发挥市场机制的作用，同时不能忽视政府的引导作用。在以经济发展带动城镇化整体发展的同时，克服传统城镇化的缺陷，如只关注城镇化速度、数量而忽视质量，忽视城乡、区域之间的协调发展	

传统城镇化建设侧重的是城镇规模的扩大以及城镇化增长速度，忽视了城镇化建设的质量，致使传统城镇化建设的弊端日益凸显；新型城镇化建设则更加注重城镇发展的质量，注重人口、自然、经济与社会的全面协调发展。在城乡发展关系方面，传统城镇化建设是重视城镇的建设，忽视农村的发展，没有有效统筹城乡的协调发展；新型城镇化建设注重的是城乡一体化发展，致力于推动城乡统筹协调发展。在主体方面，过去的城镇化建设是以官为本，"官本位"思想浓厚，其建设推动主要是依靠各级政府部门；新型城镇化建设则是以人为主体的，更加注重农民工的市民化进程。在推动方式方面，传统城镇化反映的是政府长官意志，以政府的行政命令为主，城市的建设很少征求市民和所在地企业的意见；新型城镇化则强调政府高层的引领作用，在具体项目的操作方面更重视市场的力量。从动力机制来看，传统城镇化与工业化进程密切关联；新型城镇化则注重"四化"结合发展，通过信息技术改善城市的

信息服务，为新型工业化提供信息基础设施，为农业现代化提供信息的支撑。在城镇化的过程中，"四化"融合发展，相互支持，谁也离不开谁。在政府与市场关系方面，政府主导型是传统城镇化的特点，较少使用市场的力量配置资源；新型城镇化建设的过程中，则重在引导社会资本的参与，提高市场的主导地位。

四 新型城镇化的特征

（一）新型城镇化是以人为本的城镇化

重视人的发展，以人为本，是新型城镇化的核心。劳动者素质技能的提高为城市发展提供不竭动力，没有人的发展，城市的发展一定不能持久，缺乏高素质人才的支撑，城镇化的水平只能维持在低水平上。长期以来，忽视人的发展和人的生存环境发展的城镇化饱受诟病，新型城镇化要把立足点和出发点放在人的发展上，这是新时期民众的呼唤。当前，我国进城务工的农民工已经超过1亿人，虽然这部分农民工为城市建设做出了诸多贡献，但却不能获得市民身份，这给他们今后的生活带来了诸多不便，无法共享城市发展的红利。为此，在新型城镇化建设中，要重视常住人口和农民工市民化进程，体现以人为本。

（二）新型城镇化是产城和谐互动的城镇化

传统的城镇化在一个阶段关注一个方面，或重视产业发展，或重视城市建设。因此，经常出现产业发展与城市建设的脱节现象。这一方面是资金的不足；另一方面也体现了规划的层次不高，短视行为严重。在新型城镇化建设中，产业发展是城市建设的动力，主导产业的发展是城市的品牌，产业链的长度决定了城市对周边地区的辐射作用。产业的发展对城市建设提出了需求，引导了城市建设的方向。从另一角度看，城市功能的完善，可以更好地为产业发展服务，为产业发展腾出更大的空间，实现产业的优化升级，通过财政税收和土地使用上的优惠，促进产业做大做强。产业的优化升级提升了城市的内涵，形成产城和谐互动、融合发展。

（三）新型城镇化是可持续发展的城镇化

传统城镇化的建设具有不可持续性，其长期发展已经导致了城市交通拥挤、生态环境恶化、贫富差距日益扩大等众多"城市病"。而新型城镇化坚持集约高效的土地使用原则，注重城市质量，不会为了追求GDP和土地出让金的增长而破坏资源环境，而是充分考虑城镇的资源环境承载能力，促使经济朝着低碳、低能源消耗、可循环、可持续方向发展。在发展理念上，以生态环境保护和有偿使用为基本原则，强调城市发展与人居环境改善。

（四）新型城镇化与工业化、信息化、农业现代化协调互动发展

党的十八大报告提出，在新型城镇化进程中，要大力促进工业化、信息化、城镇化、农业现代化（"四化"）同步发展以谋求更高质量的城镇化。① 农业现代化是其他"三化"的基础，为其他"三化"的发展提供了原材料，也是新型城镇化的基础。新型工业化是以新技术为代表的工业化，摆脱了传统工业的污染和低附加值，是城镇化发展产业的方向。信息化建设不能脱离开其他"三化"，但是，其他"三化"为信息化发展提供了内容（见图3-1）。特别是在以大数据和云计算为代表的信息技术应用中，信息化改变着其他"三化"的进程，因此，在城镇化推进过程中，要坚持"四化"协调互动发展。

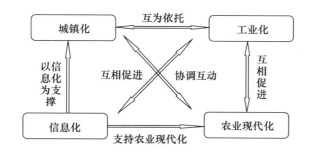

图3-1　新型城镇化与工业化、信息化、农业现代化协调发展

第二节　新型城镇化对我国社会经济发展的推动作用

一　推进新型城镇化有助于加快工业化进程

城镇化与工业化是我国今后一个时期经济发展的两个引擎。城镇化发展为工业发展提供了产品市场、要素市场，汇集了各类技术人才，优

---

① 参见党的十八大报告。

化了产业发展的空间，产业的集中方便了产业相互之间的资源融通。城镇化的发展弥补了单个企业发展遇到的"瓶颈"，从整个区域的角度对产业的发展进行规划、支持，加速人才、技术、资金、资源等各类生产要素向城镇聚集，可以为新型工业化注入新的动力和活力。工业化的发展起到了上承第一产业，下接第三产业的作用，没有第二产业的充分发展，其他两个产业的发展将难以持续。在三个产业中，产业链最长的是第二产业，第二产业发达了，可以促进其他两个产业的发展。因此，工业化的发展对改变城镇的经济结构具有重要的作用，从而推进城镇化由低级阶段向高级阶段的演进（见图 3 - 2）。

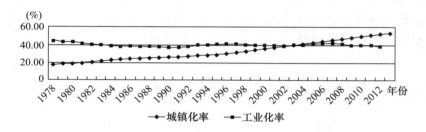

图 3 - 2 城镇化与工业化协调互动发展

资料来源：有关年份《中国统计年鉴》。

二 推进新型城镇化有助于促进区域协调发展

新型城镇化有助于大中小城市的协调发展。东部沿海地区城市具有外向型经济发展的先天优势，在开放的政策引领下，率先走上了城镇建设的快车道，在以大城市建设引领和辐射带动下，周边地区的中小城市也借机发展起来，功能不断完善，城市群的建设有目共睹，成为引领中国经济发展的中流砥柱。东部沿海地区在城市群的带动下，农村的城镇化进程加快，农民成为市民，依靠土地资源的交易获得创业的原始积累资金。不仅如此，还吸引着中西部地区的人口向这些地区流动，截至2012 年，我国人口在 400 万以上的城市大多分布在东中部地区，而西部地区仅有重庆、成都和西安 3 个大城市，东中部地区 200 万—400 万人口的地级以上城市有 31 个，而西部地区仅有 4 个，东部地区城镇人口所占有的社会公共服务以及公共基础设施建设远远高于西部地区。目前，东部地区常住人口城镇化率达到 62. 2%，而中部、西部地区分别只有48.5%、44.7%。① 积极稳妥地推进新型城镇化进程，可以有效地缓解中西部地区社会经济发展相对滞后于东部地区的局面。"一带一路"建设的深入推进，我国经济发展的重心向西移动，在新型城镇化建设中，国家投资的方向是沿着长江经济带和"海上丝绸"之路、"陆地丝绸"之路上的城市，这为区域城镇化的协调发展提供了契机。加快沿线国家和中国的交通、贸易发展、技术交流，打开了我国向西部开放的格局，传统的西部地区城市，在今天成为开放的前沿阵地，这有利于城镇化建设的区域协调发展。

三 推进新型城镇化进程有助于提高居民收入

新型城镇化建设中，大批农村人口市民化，提高了农民的人均纯收入。城市为农民落户提供了便利，为公共服务均等化创造了条件，节约了农民在城市的生活成本，有利于提高城镇人口的消费水平，带动农民增收。改革开放后，我国农村居民人均纯收入逐年递增，并保持较快的增长速度，从1978年的134元快速提高到2014年的9892元（见图3-3）。我国城镇居民人均可支配收入也快速提高，撇开通货膨胀因素，从1978年的343元提高到2014年的28844元（见图3-4）。城乡居民储蓄存款余额一直保持快速增长，从1978年的211亿元提高到2012年末的399551亿元，全球最高（见图3-5）。

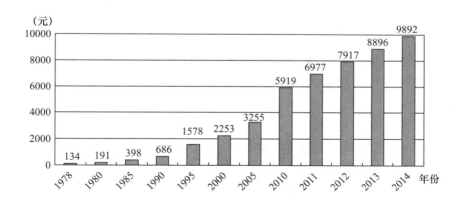

图3-3 改革开放以来农村居民家庭人均纯收入

资料来源：有关年份《中国统计年鉴》。

---

① 有关年份《中国统计年鉴》。

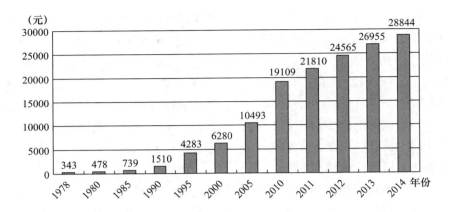

图 3 - 4 改革开放以来城镇居民人均可支配收入

资料来源：有关年份《中国统计年鉴》。

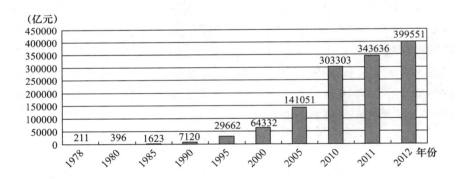

图 3 - 5 1978—2012 年末城乡居民储蓄存款余额

资料来源：有关年份《中国统计年鉴》。

第三节 国外典型城镇化发展模式及
对我国城镇化的启示

从世界各国城镇建设的过程中，发现他们成功的经验，汲取教训，是我们发展新型城镇化的重要参考。纵观各国具体的城镇建设历史，每一个国家的城镇化思路都不相同。这不仅取决于各国工业化的发展阶段、各国的经济实力和所处的自然地理环境，更重要的是受到价值观的影响。英国首先发生了工业革命，虽然以重工业为主是前期城镇化的动力，但随着全球殖民统治的建立，金融主导的城镇化登上舞台。美国在自由主义的指导下，充分发挥了市场在资源配置中的作用，可是也带来了各种弊端。德国城市进程中重视大中小城市协调发展，没有出现"大城市病"。日本的发展是美国城市建设的复制，不仅出现了"大城市病"，而且房地产泡沫严重。拉美国家的城镇化由于缺乏产业的支撑，后期出现了诸多弊端。本章研究并总结多个国家和地区城镇化发展模式，分析利弊得失，以资借鉴。

一　工业化推动的英国城镇化发展模式

英国是世界上最早开始工业化的国家，在工业化的发展中推动城镇化发展，英国的经验是其他国家发展现代城镇的基础。英国的工业化早期以纺织业为主，轻工业城市快速发展，随着战争的需要和造船业的发展，在蒸汽机的带动下，钢铁工业、火车工业也得到了迅速的发展，伴随重工业的进程，交通、能源、冶金、工矿等重工业不断取得发展，客观上促进了英国交通枢纽城市、能源和重工业城市的兴起，促进了英国城镇化进程的加快。

英国传统的产业结构和社会结构在工业化的推动下逐步解体，第一产业的比重大幅下降，第二产业和第三产业的比重快速上升，在英国资本主义发展初期开展的圈地运动，通过暴力的方式将失地农民驱逐到资本主义的工厂中，满足了资本主义工业对劳动力的需求。通过枪炮和贸易掠夺，英国从世界各地获得了大量的资金、资源、劳动力和先进的技术，城市的工业化水平不断提高，城市建设也在工业的刺激下快速发展。18 世纪初，英国的城镇化率在 20%—25%，随着工业化带动城镇化水平的提高，到 1851 年，英国的城镇数量已经达到 580 个，城镇化率迅速提高到 54%，至此，英国基本实现了城镇化。英国统计学家普赖斯·威廉斯以 10 万以上大城市人口为统计口径，并以每隔十年人口普查期英国人口的平均增长率用指数 100 表示，对 1801—1871 年的城市人口增长进行了统计，具体人口增长指数情况如表 3－2 所示。

二　市场主导自由放任的美国城镇化发展模式

美国的城镇化发展过程大致经历了以下三个发展阶段：

第一阶段：大城市自由扩张阶段（1940 年之前）。受自由主义影

表 3 - 2   1801—1871 年英国城市人口增长指数

时间（年）	1801—1811	1811—1821	1821—1831	1831—1841	1841—1861	1861—1871
增长指数	150	163	239	202	172	131

资料来源：阿瑟·奥利沙文：《城市经济学》，中信出版社 2003 年版。

响，美国城镇化从一开始就充分借助了市场的力量。政府很少关注城市建设问题，资源、资金和技术等根据市场发展的需要迅速向大城市聚集。在原先殖民地的基础上，迅速形成了波士顿城市群、五大湖城市群和西海岸城市群。在这种城镇化发展模式的推进下，美国逐步形成了紧密联系的城市体系。但是，由于市场机制具有自发性和盲目性的特点，单纯依靠市场主导的城镇化模式也会造成市场失灵，导致"城市病"以及城市空心化等诸多问题。

第二阶段：中小城镇无序发展阶段（1940—1990 年）。美国对"大城市病"进行了反思，并且出现了逃离大城市的潮流，郊区化发展成为这一阶段的时尚。人们开始远离大城市，向郊区发展。但是，由于美国具有自由主义的传统，城市的发展并没有政府的严格规划，中小城镇的发展出现了无序蔓延的局面。造成了新的极端，土地资源浪费严重，城市环境破坏严重，资源能源消耗大。

第三阶段：理性发展阶段（1990 年之后）。在经过了两个大的发展阶段之后，美国意识到单纯发展大城市和无序发展中小城市都存在弊端。从此，城镇化的发展必须走上理性的发展道路。这个阶段的城市发展出现三个特点：一是注重城市建设的精细化，强调城市配套设施的建设与城市发展的舒适程度；二是注重城市建设的主题，突出城市发展的特色，比如，好莱坞、硅谷等特色明显；三是更加注重城市发展的生态环境，类似我们现在的绿色发展思维。

三　城乡统筹与中小城市协调发展的德国城镇化发展模式

与英国、美国、日本不同，德国在城镇化建设中重视城乡统筹、大中小城市协调发展，没有出现"大城市病"。19 世纪 40 年代以后，随着德国工业化进程的起步，城镇化进程也随之推进。德国在第二次工业革命的影响下，第二产业和第三产业的增长速度很快，到 20 世纪 70 年代，这两个产业的 GDP 约占德国 GDP 的 70%。到 2005 年，德国的第二产业和第三产业比重占 GDP 的 91%。工业化带动了城镇化进入到快速发展阶段，城镇化率从1871年的36%上升到1910年的60%。在两次世界大战中，德国城镇化进程一直处于停滞阶段。第二次世界大战后，德国的工业化和城镇化迅速发展，城镇化率从第二次世界大战后的64%提高到现在的87%。但是，德国的城镇化与我国的思路不同，德国更加注重中小城市的发展，大城市的数量极少。从规模结构来看，百万人口以上的城市有3个，占全部580个城市的0.5%，城市人口的集中度较低，70%的城市人口居住在人口不足1万的小城镇上。但是，每个小城市都有自身的工业体系，城市虽小，但创新能力强，很多企业经常讨论的是如何瓜分国际市场的份额。这与中国大城市集中了绝大多数企业总部的现象是相反的。

德国城镇化建设取得的成果与德国政府密切相关。德国宪法强调各级政府共同承担城市建设的任务，因此，各地在城镇化建设中都从自身实际出发，注重公共服务的均衡发展和社会福利的均等化。德国的城市建设也有规划，而且他们在执行规划时非常认真。德国的各级政府非常尊重规划的法律效果，从而在城市体系建设中实现了各类城市的协调发展，避免了个别城市的盲目扩张而忽视中小城市发展的问题。

德国的城市发展重视中小城市的建设，实现了城乡一体化发展。从规划和产业政策开始，德国重视中小城市的功能完善，在这些城市居住的居民并没有感觉到与大城市的差距，从全国层面实现了农民市民化。这种做法，既与德国的严谨作风有关，也与工业发展的思路密切相关，避免了人口过度集中在大城市的问题，值得中国借鉴。

四　大城市主导非均衡发展的日本城镇化发展模式

日本国土面积小且人口密度大，其在城镇化路径选择上走的是大城市主导的非均衡发展的城镇化发展模式。日本的城镇化进程始于19世纪20年代，初期城镇化率仅为18%，第二次世界大战时期，城镇化呈停滞甚至倒退的曲折发展状态。第二次世界大战后，日本经济高速增长，没有了战争的威胁，在美国的庇护下，不用发展军工产品，日本将所有的精力投入到经济建设中，城市得到了迅猛建设，农村人口快速向大城市转移。到1957年，日本人口的一半以上集中在东京、大阪和名古屋三大城市群内。为了增加三大经济圈的实力，日本出台了产业刺激政策，加速每一个城市群内产业体系的完善，以满足城市圈内市民的生活需求。经过近20年的发展，日本的城镇化率达到了西方发达国家的水平，到 20 世纪 70 年代就超过了 70%。

日本的城镇结构呈现的是典型的非均衡发展模式，以培育增长极为重点。在此理念指导下，日本的大城市和中心城市得到了优先投资，迅速成为增长极，通过极化效应，将周边地区的农村剩余劳动力吸收到大都市圈的周边。根据这一发展模式，日本逐渐形成了由中心城市、中小城市、小城镇三级城镇构成的网络体系。这与中国的城镇体系没有本质的区别，与中国不同的是，日本重视中等城市的建设。随着信息技术和工业化进程的加速，日本构建了发达的交通、信息网络，在极化效应的第二阶段，日本大城市对卫星城和周边地区经济发展的辐射作用比较明显。另外，日本重视中小城镇的发展，在推进工业化的同时，没有忽视农业的发展，从而带动了 10 万人规模的中小城镇的发展。当然，日本重视大城市的发展，也带来了和中国类似的"城市病"，房地产的快速发展，房价飙升，形成了日本的房地产泡沫。

五 拉美国家的过度城镇化发展模式

拉美国家长期处于西方发达国家的殖民地统治下，在第二次世界大战之后走上了独立自主发展的道路，但是，由于没有从根本上建立起自己的工业体系，在经济地位上仍然从属于发达国家。在城镇化发展过程中，拉美国家接受了西方的援助，城镇化的速度很快，但忽视了城镇化发展的质量。加上西方国家在拉美国家培养了代理人，侧重城镇化发展带来的土地收益，因此，虽然城镇化快速发展，数据显示，20 世纪 30—80 年代，拉美国家的城镇化进程一直处于快速发展阶段，截至 1980 年，拉美国家的城镇化率达到 64%，但城镇化的质量并不高，工业基础薄弱，缺乏可持续发展动力。

拉美国家城镇化是工业化与城镇化断裂的城镇化，工业化进程没有实质性的推进，没有原创技术的支撑，没有产业链的延伸，对城镇化的支撑作用不明显。外贸主导的城镇化模式在历史上曾经出现过，比如早期的西班牙、葡萄牙，这些曾经的海上贸易强国的衰落正是缺乏工业的支撑。大批农村人口在没有提高自身素质和缺乏就业机会的前提下进入城市，缺乏在城市生存的基础，不能为城市的经济发展提供创新技术和成果，造成了城市基础设施与公共服务设施的建设落后于城镇化的发展速度，城市并不具备吸纳农村人口的就业能力，城市建设滞后于城镇人口的大规模增加，城市的发展难以满足日益增长的城市人口的就业与基本生活需求，使进入城市的农村人口难以实现其职业的转变，导致了"城市病"的产生。城市处于无序混乱状态，人口过度膨胀导致了城市生活环境恶化，资源环境承载力越来越差，失业率居高不下，贫富差距悬殊，社会矛盾不断激化，乃至城市中出现了大量的贫民窟。20 世纪90 年代末期，贫困人口在拉美国家快速增长，占总城市人口的六成。

　　由于"城市病"长期得不到有效解决，拉美国家城镇化进程出现了特殊的"逆城镇化"现象，这种"逆城镇化"与发达国家不同。发达国家的逆城镇化是城市人口的富裕阶层，目的是追求更高质量的生活方式，向生活环境更好的郊区转移的过程，他们在向小城镇转移的过程中，带着自身的资金、技术和资源，促进了中小城市的发展。而拉美国家的逆城镇化是由于城市无法保障生活基本需求的低收入人群迫不得已离开城市，这是由于前期大规模人口涌入城市造成了城市房价和物价的持续攀升，低收入人群无奈向郊区转移，从而形成了城市周边存在着大量的贫民窟的独特现象。

　　从拉美国家城镇化的不同阶段暴露出的问题来看，其城镇化的过程中缺乏工业化的强有力支撑。这种城镇化缺乏长久发展的动力，是不具备内生性的，因此造成了后期的贫困人口逃离城市的逆城市化的潮流。其根本原因是，没有推进工业化的城镇化是不完整的，会导致不同人群收入来源的差别化，部分人群收入不稳定。而且，贫富分化越来越严重，导致社会矛盾不断激化，严重影响了社会的和谐稳定。拉美国家的城镇化建设并没有带动城市产业发展，过度膨胀的人口增长速度超过了城市的承载力，环境的恶化、失业的增加、贫困人口的增多，是城市发展出现断裂的关键。

六　国外城镇化发展模式对我国的启示

（一）将市场机制与政府宏观调控有机结合

　　国外以资本运作为主，在城镇化建设中突出了市场的作用。城市的品位都是来自产业的集聚效用，政府为城市的发展提供公共设施建设和公共配套服务，可以说是宏观调控与微观企业运营合力推动的结果。

　　如果城镇化建设仅凭地方政府力量推动，政府权力得不到约束，则可能会导致长官意志盛行，片面追寻 GDP 增长以及形象工程，且容易滋生腐败现象，老百姓在城镇化建设中得不到真正实惠，很难体现以人为本的城镇化发展理念。当然，如果仅靠市场机制推动城镇化建设也会导致诸多问题发生，市场在资源配置中是逐利的，有着自身无法克服的自发性和盲目性等缺陷，容易造成市场失灵。

虽然不能简单地认为城镇建设中存在着政府失灵或市场失灵，但是，由于不同的主体有着不同的使命，在关注点上自然会有差异。在我国建设社会主义市场体制过程中，应强调政府的宏观调控和高端引领作用，避免出现全面资本化，忽视了长远的发展。但是，在具体的建设项目实施中，政府应该充分借助市场配置资源的能力，借鉴国外政府让市场推进城镇化的经验。过去，长期以来，我国的城镇化建设以政府为投资主体，导致了城镇化建设滞后于经济发展和市民的社会需求。今后一个时期，转变政府职能和观念是重点，实现政府这只"看得见的手"充分发挥引领作用，市场这只"看不见的手"在微观操作上更为灵活便利。两者结合，方能成功。

（二）城镇化要与工业化协调互动发展

工业革命发生后，城镇化建设就受到了工业化的影响，两者共同成为地方经济社会发展的动力，两者相互促进、相互依托，谁也离不开谁。在老牌资本主义国家，英国近代城市的兴起多是工业城市，随之而来的法国、德国、美国、日本等也走了工业兴城的路子。提到某个城市，除政治中心之外，就是它们的工业。工业技术和工业产品成为城市发展的一张名片。

我国城镇化的进程离不开近代工业的发展，不论是新中国成立前的通商口岸，还是东北的伪满洲国，近代城市的兴起都有着工业化的影子。改革开放后，东南沿海直接承接了发达国家的工业技术转移，诞生了以轻工业为主的城市。重工业发展和轻工业的承接，都是城市发展的动力。所以，城镇化和工业化是我国经济建设的重要载体，两者的协调才是王道。新型城镇化建设重在推动新兴产业的发展，加速现代生产的资金、技术、人力资本等要素的集聚，为工业化水平的提高提供全面支撑。因此，协调工业化与城镇化的关系，是当前我国城镇化建设的重要理念。

（三）协调发展大中小城市，形成合理的城镇体系

城镇体系的建设是当前我国城镇化发展的重点，在过去重视特大城市的发展，忽视了大城市和中小城市的发展，导致人口流动向特大城市。在分税制下，更是将中小城市的资源通过"虹吸效应"聚集到了

特大城市，周边城市的功能出现了萎缩的现象。从国外经验来看，虽然每个城镇化阶段都有重点发展的对象，有的国家优先发展大城市，有的国家重视中小城市，但其最终的规划都是以打造合理布局的城镇体系为目标。在城镇体系中，不仅仅是政治中心，更承担着经济协同和协调的职责，规模和等级不同，在区域经济的发展中的作用不同，城市越大，责任越大。城市作为区域经济的中心，具有对中小城市的强大辐射带动作用，而中等城市起着承接大城市促进小城镇发展的作用，小城镇在促进城乡一体化中的作用明显。规模和等级不同的大中小城市，其各自的作用是不能相互替代的。

在城镇化建设中，我国当前应重点发展省会城市、地级市和副省级城市，这些区域性节点城市对地方其他中小城市具有较大的带动作用。不必要再去支持特大城市的发展，它们具有的"马太效应"足以让它们发展。此外，中小城市的发展承担着农业剩余劳动力转移的重点工作，当前，西部地区解决贫困问题的生态移民政策也多是在县城建设安置房。因此，应该积极稳妥地推进各层次的城市按照自身的定位进行建设，形成特大城市带动的城市群、以大城市区域节点城市等为核心的城镇系统。从日本的经验来看，在大城市方面和中国相似，但是，在镇级城市建设方面，日本有着丰富的经验，值得中国借鉴。城市群和城市集中带的发展，形成了对中小城市的带动，是区域经济社会发展的动力源，可以使我国城镇化的空间结构布局更为合理，从而形成合理的城镇体系（见表3-3）。

（四）集约高效地利用土地资源，推进城镇化可持续发展

国际经验表明，集约利用土地是城镇化的内在要求。我国山地多、平原少，人均耕地面积少，加之中西部地区由于生态环境脆弱，并不适宜大规模地进行城镇建设，因此，新型城镇化的发展不能粗放、低效、盲目地扩大建设用地规模，要始终坚持在集约、高效和可持续发展的原则基础上合理利用土地资源，完善城镇化建设用地的相关土地使用体系，绝对不能因为追求形象工程而导致各种土地乱象。没有集约利用土地资源的理念，必然会导致城镇化的失败。

表 3 - 3   优化城镇的布局和形态

	城市群	中心城市	中小城市	小城镇
范围	"两横三纵"布局：东部京津冀、长江三角洲和珠江三角洲，中西部成渝、中原、长江中游、哈长等	直辖市、省会城市、计划单列市和重要节点城市	常住人口 100 万以下的城市，县及县级以上行政区划的中心城镇，我国有 2203 个	县域内的建制镇和集镇，我国有 2 万多个
功能定位	辐射带动周边区域经济增长	城镇化发展的重要支撑	优化城镇规模结构的主攻方向	农村城市化的重点，大中小城市与农村新型社区之间直接互动的纽带
发展方向	优化提升东部，培育发展中西部	沿海中心城市加快产业转型升级，内陆中心城市加大对外开放力度，形成完善的产业体系，发挥规模效应和带动效应	加快发展，加强产业和公共服务资源布局引导，提升质量，增加数量	有重点地发展，控制数量、提高质量，集约用地、体现特色，推动小城镇发展与大中、小城市和谐互动发展、提升服务农村的能力

第四节　新型城镇化建设路径

——产城一体化

　　产城一体化是产业与城市协同发展的一种新模式，它不是机械地将产业和城市捆绑在一起，而是通过规划引导，系统考虑产业发展与城市发展各个功能的合理布局，促使生产要素的合理流动和有序聚集，促使产业和城市之间相互作用、相互促进的和谐发展模式。

一　产城一体化概念的界定

　　产城一体化，将产业园区与城市功能在空间布局和功能上耦合，关键是要求产业布局符合城市的发展战略。[①] 从系统思维角度看，产城一

---

　　① 王征：《论当前工业园区建设中的产城一体化问题》，《武昌理工学院学报》2014 年第 2 期，第 29 页。

体化就是要系统地考虑城市的整体发展思路，将产业功能、城市功能和生态功能综合考虑，融为一体，实现功能与功能之间的互补和融合。这是我国在政治中心城市、沿海开放城市之后新提出的城市建设思路，是克服过去单纯工业化、单纯房地产化弊端的新创意。

二　产城一体化的目标

产城一体化的目标是实现所有在城市生活的市民和流动人口都得到合理的安排，在享受城市配套服务方面实现均等化。在城镇化进程中，大量农业人口转移到城市就业、生活，这些职业已经改变，但囿于户籍制度，因此他们不能与户籍市民享受同等的住房补贴和社区服务等社会保障，也享受不到公共财政提供的义务教育等。这种情形在国外不存在，是中国特色问题。这极大地限制了他们素质的提升，他们将来的归宿不是城市而是回到农村，这些人群到处寻找合适的安身之所，永远当着城市的二等公民。产城一体化发展，提高了城镇化水平，可以满足他们落户的需要，至少在享受公共服务方面有了足够的保障。从这个角度看，产城一体化的目标之一是为了加快推进农业转移人口的市民化进程。

三　产城一体化的实质

产城一体化的实质是实现"四化"同步。党的十八大明确提出了这个要求，强调城镇化建设中要兼顾和利用工业化、信息化、农业现代化，以谋求城镇化建设的高质量。[①] 农业现代化是任何产业发展的基础，不仅为其他产业的发展提供原料，更为产业工人提供丰富的饮食材料。工业化体现了城市发展的层次，工业化的层次体现了城市发展的层次，高端工业产品的生产带来的是高利润，其产业链的辐射带动作用明显。信息化技术对其他"三化"的发展具有支撑作用，是各种信息存储、交流和挖掘的关键，没有信息技术的发展，其他"三化"的发展将不能合理地分工，不能及时了解信息，在市场竞争中必然要失败。因此，在产城一体化推进过程中，要坚持"四化"协调互动发展，充分发挥工业化对产城一体化的引领作用，重视农业现代化的基础作用和信息技术的支撑作用。

---

① 参见党的十八大报告。

四 产城一体化的特征

产城一体化发展模式不同于传统城镇化发展模式，其显著特征是促进产业与城市的和谐互动发展。产城一体化发展克服了传统城镇化的产业发展与城市建设分离的现象，其原因在于建设资金的缺乏。如今，牺牲居住环境和个人生活条件的城市建设已经过时了。在城市居住的市民，不仅要工作好，还要生活好，幸福指数高。因此，产城一体化应运而生，可以满足他们的多元需求。一方面，产业发展为城市建设提供动力，另一方面城市的发展又为产业发展提供保障。两者之间没有冲突，没有矛盾，产业局部和城市功能完善，这种和谐互动关系是产城一体化的显著特点。

推进产业发展，不忘城市功能完善，可以促进城市有序扩张、稳定财源。城市的发展需要税收作为润滑剂，产业的发展是税收的基础，为城市的发展提供了动力源泉。通过财政投入的基础设施，提升了城市的品位，增加了对高层次人才的吸引力，反过来又会满足产业对高素质人才的需求，能够满足高端产业链节点企业的多元需求。因此，以产兴城、以城聚产、产城联动、融合发展，集中体现了产城一体化的理念，是对传统城镇化模式的优化，以产业带动城市发展、城市促进产业优化升级具有可持续的特点。

五 产城一体化模式实现路径

产城一体化是以产业发展为主导，促进城市建设的新思路，突破了传统城镇化建设的单纯发展城市的思路。由于涉及经济发展和社会发展的方方面面，这是一个系统工程，因此，必须在科学规划的引领下构建产城一体化发展的基本框架、城市发展布局和产业发展思路，通过产业带动和支撑作用的发挥，推动整体城市水平的提升，使产城一体化成为新时期推进我国新型城镇化的有效实现路径。

（一）以科学规划引领产城一体化

城市发展规划从"十一五"开始，到现在已经开展了三个"五年规划"。一个地区的发展规划是指导地方经济发展的统领性文件，具有指导今后各项建设的作用。随着规划文本体系的完善，各地都在制定规划，各个部门也都在制定规划。当前最为重要的是在产城一体化建设进程中，需要围绕产业的发展和城市建设，通过多个规划的统一，比如经济和社会发展、城市土地和基础设施建设等多个规划的集中发力，防止九龙治水，但又相互制约的局面出现。在制定产城一体化发展规划过程中，不能以地方政府官员的意志为主，应该聘请高资质、高水平的规划设计队伍共同参与，确保产城一体化规划的科学性、权威性以及特色性。规划制定的指导思想中，应明确产业和城镇协调发展的契合度，依据地方资源合理推进地方特色城市建设。在规划的执行和中期评价中，要主动作为，按照规划的思路进行建设，克服等靠要思想，积极稳妥地推进，充分利用政府和市场两种资源，统筹推进产城一体化。

（二）以人本理念引导产城一体化

在产城一体化发展中，坚持以人为本。社会发展和进步的关键是人的素质提升，产城一体化发展能否成功的关键是人才队伍的素质。因此，在产城一体化发展的目标设计时，应强调人作为城市的主体作用的发挥。产业的发展和升级需要高素质的劳动者，产业链的延伸需要各个层面的研发人员，城市环境的打造和城市文明建设都离不开高素质的人才。在判断产城一体化的成功与否时，应明确以人为本的判断标准，因为城市发展的终极目的不是政绩，而是让市民体会到实惠和生活的便利。如果城市的发展，不能给市民带来了幸福，而是带来了环境污染和生活成本增高，但收入却在下降，那么城镇化是失败的。产城一体化发展的必然要求是产、城、人的融合。

（三）以产业发展促进产城一体化

产业发展为城市的发展提供物质基础与发展动力。与传统的政治性城市不同，在工业文明条件下，城市的发展不是政治的需要，而是经济发展的需要。城市的发展中经济功能是重要部分。在产城一体化进程中，培育和引进主导产业，通过改善政府投资环境，不断吸引更多的企业投资，丰富原有的业态，逐渐建立起适应现代经济发展的产业支撑体系是产城一体化的重要内容。区域经济发展的增长极理论、总部经济理论等均提出了城市发展必须要有产业集群的发展，甚至要有总部企业的支撑，这是新时期的新理念。在坚持新型工业化道路的基础上，延伸产业链，提升产业结构，打破过去低水平循环的经济发展模式至关重要。

（四）以城市建设带动产城一体化

产业发展起来之后，必然对城市建设提出更高的要求。传统城镇化发展模式是先发展某一个方面之后，再发展另一个方面，往往导致一个方面落后一个方面的情形出现。产城一体化模式与此不同，强调产业的发展和城市建设的同步进行，协调发展。产城一体化发展模式的推进，要加大为产业发展需要的基础设施建设和为高素质人才生活、高端商务活动提供高端的配套设施，提供土地资源的集约效果，实现城市功能的完善。因此，产城一体化发展的资金需求量大，可以借鉴发达国家的模式，合理利用民间资本，积极探索城市建设的新模式。通过城市建设来完善城市功能，消化农村剩余劳动力，实现城市增容扩容的需求，从而促进我国人口城镇化，产城一体化水平得到整体提升。

第四章　新型城镇化投融资体制创新

传统城镇化模式依据地方政府的级别和财力，以政府主导产业发展，关注城市发展的经济效益。新型城镇化更为重视基础设施建设、公共服务和社会保障体系建设以及农民市民化进程中的居住、就业、消费等，面临着巨大的资金需求，政府财政资金投入已经难以满足。在分税制下，现阶段土地出让金作为财政收入重要来源的模式难以为继，借债发展的直接融资存在较高的风险。为了改变现状，必须扭转政府作为单一主体的投融资模式，创新投融资体制，引进多元投资主体，实现融资渠道的多元化，降低政府的融资风险。

第一节　新型城镇化建设面临巨大的资金需求

在新型城镇化建设进程中，资金需求存在巨大的缺口，引起了各类科研机构和国内外金融机构的高度关注，它们积极帮助测算融资需求，分析融资渠道，以便评估如何才能更有效地满足新型城镇化的资金需求，如表 4-1 所示。虽然它们各自的统计依据和统计口径存在着诸多差异，评估结果也各有不同，但其共同的结论是，我国新型城镇化建设的资金需求量巨大，仅靠政府的财政资金投入无法解决资金缺口问题。

一　基础设施建设与完善资金缺口大

城镇基础设施是新型城镇化建设中的重点，但是，资金需求大，据国家统计局测算，为每一个新增城镇人口的配套基础设施、公共服务设施等资金需求约为 25 万元。根据《国家新型城镇化规划（2014—2020年）》，我国的常住人口城镇化率到 2020 年将达到 60% 左右[①]，按照不

---

① 《国家新型城镇化规划（2014—2020 年）》。

表 4 – 1   **不同机构测算的城镇化融资需求**

	融资需求测算依据	融资需求测算数据
财政部财政科学研究所	城镇化率提升 1%，地方政府公共投资需求增加 5.9%	30 万亿元左右
国务院发展研究中心金融研究所	假定 2020 年城镇化率达到 60%	静态资金需求 20.43 万亿元 动态资金需求 35.07 万亿元
中国社会科学院	城镇化率每年增加 0.8%—1.0%，2020 年增长至 60%，约有 3.9 亿农业转移人口；人均公共成本约为 13.1 万元	至少需要 51 万亿元
哈佛大学肯尼迪政府学院	—	约 40 万亿元
麦肯锡研究中心	—	74 万亿元
《国家新型城镇化规划（2014—2020 年）》	到 2020 年，我国城镇化率将从 2013 年的 53.7% 提高到 60%，将有 1 亿左右的农业转移人口和其他常住人口在城镇落户	由城镇人口增加带来基础设施建设投资需求约为 42 万亿元
《中小城市绿皮书：中国中小城市发展报告》	到 2030 年，我国城镇化率将达到 65% 左右，意味着有 3 亿农村人口进入城镇工作生活	预计社会保障和市政公共设施支出共计超过 30 万亿元

资料来源：根据相关文件整理而得。

变价格计算，安置 1 亿农业人口在城镇落户，配套投资总量约 25 万亿元，由此可见，我国城镇基础设施建设的资金缺口的巨大。

二　农民市民化进程所需资金缺口大

从农民市民化的居住、就业等方面来说，2014 年，我国外出农民工在城镇自购住房比例约 1%，其他解决住房方式分别为租房（约 37%）、工棚（约 17%）、回乡居住（约 13%）、单位宿舍（约 28%）。农民工缴纳住房公积金的比例不足 3%。随着我国新型城镇化进程的不断推进，将会有更多的农民进城居住，农民市民化的过程中需要在住房、就业、创业方面投入大量的资金，为他们提供融入城市的条件，确保他们能够在城市生存和发展。其工作和服务的产业结构同样面临着转型升级，这些都需要投入巨大的资金。

三　建设公共服务和社保体系资金缺口大

从公共服务和社会保障体系建设来看，截至 2015 年，我国农民工总量约 2.77 亿人，其中，外出农民工人数约为 1.7 亿人，本地农民工人数 1.07 亿人，在农民工队伍中，五险一金覆盖率极低。以人均公共服务和社会保障（教育、医疗卫生、养老等）投入 5 万元计算，现有 2.77 亿农民工加上在未来城镇化进程中，将会新增 1 亿农业转移人口，常住人口的数量增长[①]，大体匡算，需要完善的公共服务和社会保障配套，总投资将达到 19.8 万亿元。公共服务和社会保障体系建设方面也面临着巨大的资金需求。

第二节　我国城镇化现阶段投融资主要方式

城镇化建设的主导是各级地方政府，它们根据自身的财力和中央政府财政转移支付制度获取的财政资金，统筹推进地方的城镇化建设。在这个过程中，制约城镇化速度快慢和水平高低的是投融资问题。用于基础设施、公用事业和公共服务的投资属于经济学意义上的公共产品和准公共产品，具有资金需求庞大、成本回收周期长、社会资本难以或不愿进入的特点。因此，民营资本介入的意愿并不强烈，各级政府发挥着城镇化投融资的主体作用。

一　地方政府税收和财政转移支付

在城镇化进程中，基础设施、公用事业等"公共产品"的建设基本不可能依靠市场来完成，相比之下，税收最适合成为城镇化融资的核心来源。交税是市民的义务，税收所得也不需要在未来进行偿还，因此，最适合非营利性的公益性项目。在城市的基础设施和公共服务体系建设中，这种营利性较弱的建设项目是很普遍的，因此，税收融资发挥着重要作用。税收融资作为政府的预算内收入，一般是以政府预算拨款的形式投入到建设中的。

政府税收依据有无特定用途可以分为两类：无特定用途的称为普通

---

① 《国家新型城镇化规划（2014—2020 年）》。

税或一般税收，比如营业税、增值税和个人所得税等；有特定用途的税收，税收的名字已经表明了用途，比如建筑税、燃油税、城市维护建设税等，这些是用于某种特别经费支出的用途而课征的税种。从来源上看，这一类税收都与某种用途相联系，如燃油税、车辆购置税等与交通道路相关，因而在城镇化的道路建设融资中起着重要作用。城市维护建设税主要用于各级地方政府的城市设施的维护和建设。由这些税种共同构成城镇化建设的项目融资来源。

当前，我国的税收体系还不足以支撑城镇化融资的艰巨任务。首先，财产税规模比较小，房产税目前还没有开始全面征收，其他比如车船税，还难以对城镇化融资起到有力的支持作用。所谓财产税，是泛指一系列以财产的市场公允价值为征税对象的政府税收。这类税收在发达国家一般属于地方税。从国际来讲，财产税收入是地方基础设施、公共事业等建设项目的重要融资来源，财产税的征收能够帮助政府从土地、房产等财产的升值中获得持续性收益，缓解地方政府对于工业投资的依赖。目前，中国的财产税规模太小，尽管房产税未来将会成为地方政府的稳定收入来源，但考虑到房产税的征收可能带来的各种经济、社会问题，短期之内还无法将房产税发展作为各级政府的主要税种。

1994 年的分税制度改革，其核心是中央与地方在财权和事权的分离，地方政府税收权力下降、税种减少，削弱了地方政府在城镇化融资中的积极性。分税制度建设后，中央政府的税源丰富，包括广泛征收的企业所得税和增值税，这些税种涵盖了所有的居民和企业。而留给地方政府的是征收难度大、增收不确定的零散税种，因此，形成了一级政府一级财权，层层集中的模式，最后中小城市，特别是乡镇的财力被大大削弱，并且由于权力金字塔的存在，没有与上级讨价还价的余地，现在省直管县的模式正是分税制弊端的纠正，确保基层政府的税收返还力度，保障县级财力。财权在上级政府，事权却在下级政府，这极大地挫伤了基层政府根据自身事权合理安排和调整税收的积极性，也导致了掌握着财力分配权力的上级政府部门严重的寻租现象。总的来说，分税制事权和财权的分离，很大程度上影响了地方政府通过税收收入满足融资需求的能力。

2006—2014 年，地方政府税收收入占我国税收收入的比重基本维持在 35%—54%。数据显示，2014 年，我国财政收入 140370.03 亿元，中央财政收入 64493.45 亿元，占 46%，地方财政收入 75876.58 亿元，占 54%。2014 年，我国财政支出 151785.56 亿元，中央财政支出 22570.07 亿元，占 14.9%，地方支出 129215.47 亿元，占 85.1%，如图 4－1 和图 4－2 所示。从 2015 年的数据来看，中央财政对地方返还的力度加大，地方政府财政支出中有将近四成依靠中央财政的转移支付和返还。[①] 在有限的财政收入和日益增长的财政支出的现实制约下，地方政府只能寻求新的资金来源渠道，不得不依赖于以土地为核心的"土地财政"和各类债务融资。

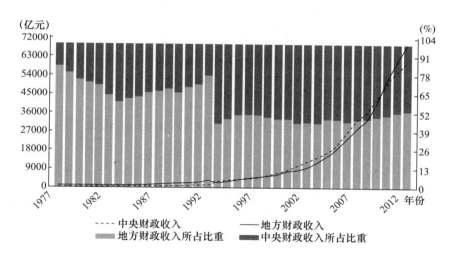

图 4－1 1978—2014 年中央财政收入与地方财政收入的总量和占比情况

二 土地财政融资

地方政府融资渠道除税收外，另外一个重要的融资渠道是土地财政融资。所谓土地财政，是指地方政府通过对当地土地进行工业、商业、房地产开发带动了土地增值，然后通过招拍挂等形式转让给企业，获得所需资金的财政融资方式。土地财政融资的实质是将原有的土地资源进行资本化的开发来增加政府的财政收入。土地财政收入包括税收、租金和专项收费三个部分。税收部分涵盖了物业税、房产税等，非税收入主要有土地出让金等。广义的土地财政包括土地资本化运营的用土地未来

---

① 国家税务总局以及财政部网站。

现金流为担保的商业信贷。

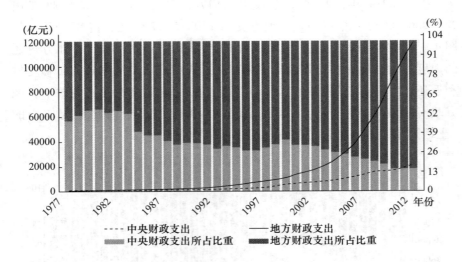

图 4 – 2　1978—2014 年中央财政支出与地方财政支出的总量和占比情况

　　自分税制改革以来，地方政府财力受到很大削弱，即便是发达地区政府，其预算收入也只能满足经常性支出，建设性支出只能另谋出路，经济欠发达地区政府和基层政府的财政状况更差。20 世纪 90 年代中后期，土地有偿使用制度开始推行，地方政府在城镇化建设和经济发展中逐步采用土地财政政策。随着城镇化进程的不断推进，土地价值日益凸显，土地财政融资已经成为政府预算外收入最重要的来源。土地出让收入成为地方公共财政预算收入的重要来源，约占总收入的 1/3，而且还有逐年攀升的趋势。这是从全国总体来看的情况，地方政府更是将土地财政作为收入的重要来源，有的地方土地出让收入比重超过了 50%，如图 4 – 3 所示。

　　土地财政的确为城镇化融资提供了重要动力，但同样也存在诸多的风险与挑战。首先，土地财政会引发财政收入增长不可持续的潜在风险。土地资源的有限性决定了仅仅依靠一次性的出让是不可持续的。土地出让收入虽然可以为政府筹集眼下所需资金，但是，随着土地资源的消耗，这种财政增长会变得越发难以保障。对于土地价格的依赖性加大了土地财政收入的不确定性，容易给准备不足的地方政府带来较大冲击，一旦财政收入增长得不到保障，可能会引发一系列的问题，造成现实的财务危机。从国际城镇化的发展历程来看，任何国家都不可能长期通过土地出让收入来筹集资金。

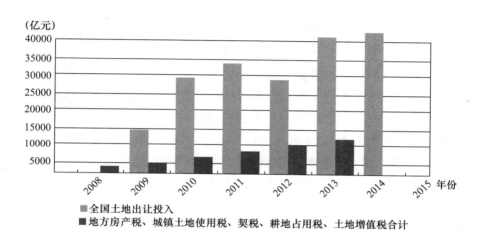

图4－3　2008—2015年我国土地出让收入和房地产"五税"情况

资料来源：根据有关年份《中国财政年鉴》和《中国统计年鉴》数据汇总整理。

其次，土地抵押贷款融资加剧了政府债务风险。由于地方政府以信用做保障，并未核算未来的投资收益，因此，地方政府项目建设公司或以财政投资为保障的融资平台，在过度投资的冲动下纷纷通过土地抵押的方式进行借贷融资，而现阶段的投融资体系对这种融资缺乏强有力的控制手段。政府土地出让收入会受到经济波动的影响，具有不稳定性，比如，由于受到经济新常态的影响，2015年，我国土地出让总收入由2014年的42940亿元迅速降至32547亿元，下降了24.2%，在地方政府过度依赖土地质押贷款的情形下，一旦在经济周期的下行期间和房地产市场的价格上涨困难期，土地融资的杠杆效应会增加地方政府的还债压力，风险会在无形中增大。总体来看，土地财政作为财政收入的来源，具有不确定性和受市场影响较大的风险，更多时候还将受中央调控政策的制约。

最后，土地财政客观上促进了房价上涨，拉大了贫富差距，不利于新型城镇化建设的开展。房价上涨是土地财政的必然结果，而政府也是土地价格上涨的受益者。多年以来，我国层出不穷的各地"地王"，或多或少都有地方政府在背后进行推动。目前，房产税的试点已经开始，但全面开征尚未列入国务院的计划，因此，在土地保有环节只有定量土地使用税可以征收。在土地增值税级差收入不到位的前提下，会导致以下问题：一是土地投机和房地产泡沫的出现；二是土地增值收益调节不到位，社会贫富差距拉大，容易滋生腐败，造成社会问题。

三　地方政府债务融资

地方政府融资平台作为地方政府融资的重要方式，在城镇化建设中发挥着重要作用。地方政府融资平台的投资主体是地方政府、相关部门及机构，通过财政拨款或注入土地、股权等资产而设立的，在对外方面，拥有独立的法人资格，其主要使命是承担政府的对外融资。[1] 这种融资平台具有双重身份，是社会主义市场经济建设背景下成立的重要融资平台，对内代表政府使用和管理建设资金，对外则以独立法人向社会融资。目前，地方政府融资平台是城镇建设的重要融资平台，占政府债务的近一半。[2]

发行地方债是地方政府的直接融资方式，具有安全性高、风险低的特点，在国外也被称为市政债券。目前，由于地方政府自行发债存在着一些法律障碍，并且由于各级地方政府的信用状况以及综合财力不同，全面推广地方债的条件尚未完全成熟，目前地方债的发行是通过试点形式展开的。随着我国城镇化建设的步伐加快，国务院在"十二五"期间，大力支持地方政府发行债务，每年的增长率在25%以上，还批准了试点地方政府债券自发自还的城市，比如北京、上海和广东、深圳等城市，这些试点城市逐步放开后，将成为政府融资的重要渠道。在2014年公布的国家新型城镇化规划中，也支持地方政府自行发行地方债券，弥补资金不足的问题，同年的预算法也据此进行了修改，对地方政府债务管理做出明确规定，地方政府发行债券，举债规模必须由国务院报请全国人大或全国人大常委会批准，这意味着建立现代财政制度正迈出实质性步伐。地方政府发行的债务规模逐年增加，以2014年为代表，多为5年、7年、10年期，详见表4-2。

---

① 陈晟：《关于我国新型城镇化融资模式的思考》，《财经界》2014年第1期，第90页。
② 国家审计署：《全国地方政府性债务审计结果》。

表 4 – 2　　　　　　　　　　　2014 年地方债券发行情况

序号	地区	发行时间	发行总规模 （亿元）	发行期限、 额度及票面利率
1	广东	6 月 23 日	148	五年期 59.2 亿元、3.84% 七年期 44.4 亿元、3.97% 十年期 44.4 亿元、4.05%
2	山东	7 月 11 日	137	五年期 54.8 亿元、3.75% 七年期 41.1 亿元、3.88% 十年期 41.1 亿元、3.93%
3	江苏	7 月 24 日	174	五年期 69.6 亿元、4.06% 七年期 52.2 亿元、4.21% 十年期 52.2 亿元、4.29%
4	江西	8 月 5 日	143	五年期 57.2 亿元、4.01% 七年期 42.9 亿元、4.18% 十年期 42.9 亿元、4.27%
5	宁夏	8 月 11 日	55	五年期 22 亿元、3.98% 七年期 16.5 亿元、4.17% 十年期 16.5 亿元、4.26%
6	青岛	8 月 18 日	25	五年期 10 亿元、3.96% 七年期 7.5 亿元、4.18% 十年期 7.5 亿元、4.25%
7	浙江	8 月 19 日	137	五年期 54.8 亿元、3.96% 七年期 41.1 亿元、4.17% 十年期 41.1 亿元、4.23%
8	北京	8 月 21 日	105	五年期 42 亿元、4.0% 七年期 31.5 亿元、4.18% 十年期 31.5 亿元、4.24%

资料来源：中债网，数据截至 2014 年 8 月 22 日，http：//www.docin.com/p – 1413460771.html。

我国地方政府债务结构分散，规模庞大，已经超过了多数地方政府的财政收入，部分地方政府陷入了借新债还旧债的恶性循环风险。在经济持续不景气或全球经济下行压力增大的情形下，会产生一系列的问题：

第一，债务负担过重会严重制约地方政府的行政能力和地方经济协调发展的能力。省级以下地方政府的财政收入来源有限，在总盘子较小的情况下，还债压力必然导致政府在教育、文化、医疗等地方社会公共服务方面的投入减少，还制约着地方经济发展的可持续能力。

第二，对地方政府信用评级不利。政府在拖欠工程款项方面的案例较多，在没有可行的偿债机制情形下，政府的公信力因违约的增加而降低，这是对企业参与政府工程的不良信号，造成了对市场经济游戏规则的破坏，也会降低对政府信用的评级。

第三，浪费了社会资源，降低了社会资源的使用效率，政府债务的膨胀导致了融资的扭曲发展，不利于资源的有效配置。

四　中国现阶段投融资模式的局限性

单一的政府主体的投融资模式在新型城镇化建设中逐步暴露出种种弊端，传统地方政府财政融资模式面临着严峻挑战，现行土地财政融资方式弊端日益凸显，地方政府融资平台存在较高风险。需要改变这种格局，吸收多元投资主体参与，探索公私合作的发展模式。

（一）尚未形成融资主体的多元化格局

在我国，目前城镇化的融资模式依然是政府主导，多元化的投资格局尚未形成。不过，随着"十二五"城镇化发展规划的出台，庞大的资金需求，也倒逼着政府转变融资模式。以地方政府财政资金作为引导资金，并主动放开一定的领域让民营资本参与进来，各地的试点工作已经启动。总体上看，地方债务模式仍是融资的主渠道。这说明，地方政府的债务负担仍然是最大的。从现实出发，化解地方政府债务负担挑战的唯一出路，只能是放权让利给社会资本。毕竟，众人拾柴火焰高，多元投资主体的合力，要大于政府单方面的力量。因此，地方政府财政融资模式不可持续，面临严峻挑战，应该进一步完善多元化的融资主体格局。

（二）公私合作融资模式有待发展

总体上看，由于城镇基础设施和公共服务设施建设存在着垄断性和公益性，政府必须控制一些大型项目的建设权，从而为民间资本参与时设置了较高的进入壁垒，同时，从民间资本有着逐利的本性考虑，政府不会将产权移交给私人部门，这会影响他们的积极性，这是现阶段公私合作融资模式没有大面积采纳的重要原因，所以，双方合作仍处于低水平阶段。为此，要进一步挖掘公私合作模式中民间资本的潜力，使其在我国城镇化建设中发挥越来越重要的作用。政府与私人资本之间的合作在探索阶段，但是，从国外的经验来看，PPP 模式应是城镇化建设最有效的融资方式。但在当前，应该看到 PPP 模式的应用范围依旧比较狭窄，对私人资本进入的行业存在种种限制，而且融资规模不如债务融资规模大。

（三）现行土地财政融资方式弊端日益凸显

目前，我国现行土地财政融资方式弊端日益凸显出来，土地作为一种稀缺资源，具有稀缺性，我国工业化和新型城镇化对城镇建设用地的需求越来越大。如果继续沿用现行的土地财政融资模式势必会导致诸多弊端，从而不利于城镇化进程的推进。地方政府通过出让土地使用权而获得的土地出让金虽然可以在一定程度上缓解城镇化建设的融资压力，但是，不容忽视的是，土地财政融资模式容易让地方政府在以 GDP 为导向的考核制度中不顾长远利益而大规模获取土地出让金。同时，如果继续沿用现行的土地财政融资模式可能会导致房价的进一步攀升，从而严重影响地方经济的持续稳定发展。同时，土地财政融资模式带来的另一个弊端是在地方政府获取土地出让金的过程中极易滋生腐败现象。在现行的土地财政融资模式下，土地财政存在较大的利益空间，容易导致腐败行为的发生。

20 世纪 90 年代以来，随着各类开发区、工业园的大量涌现，不少城市超标准、超实际需求建设大广场、宽马路，同时，由于近些年来地方政府盲目地进行主城区扩建和新城新区的开发建设，使得城市建成区面积迅速增长，但是，人口的集中程度不够。如图 4 - 4 所示，1990—2005 年，我国的城市建成区面积由 12856 平方千米迅速增加到 32520.72 平方千米，增加了 152.96%，而同期的城市人口密度由 1990 年的 281.00 人/平方千米增加到 870.20 人/平方千米，增加了 209.68%。同样，2006—2015 年，我国的城市建成区面积由 33659.80 平方千米增长至 49000 平方千米，增加了 45.5%。而同期城市人口密度由 2238.15 人/平方千米增长至 2362.00 人/平方千米，只增加了 5.53%，其中，2006—2008 年甚至出现了短暂下降。这表明，我国城镇化进程中是典型的土地城镇化主导型，忽视了两者之间的协调，人口城镇化落后于土地城镇化的进一步表现是以建设用地扩张为主，土地的集约利用度低。城市建成区面积激增一方面占用了大量宝贵的耕地资源，在国家耕地占补平衡原则的引导下，异地开垦新的耕地资源又引发生态安全问题；另一方面也说明这种单纯的城镇空间地域扩张方式，并没有有效地吸引并集聚人口。

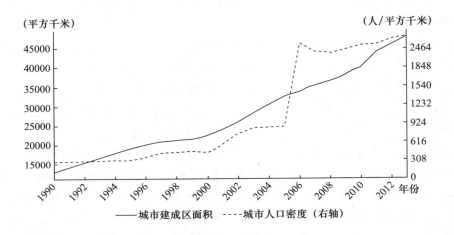

图 4-4　我国的城市建成区和城市人口密度

资料来源：有关年份《中国统计年鉴》。

　　城镇建设用地集约化水平不高的背后是地方政府疯狂地推行各类产业园区建设、新城规划，2006 年至今，城市人口密度的徘徊则进一步说明地方政府推行的造城卖地模式未能有效地大量吸引、集聚人口。卖地模式是地方政府收入的主要渠道，随着土地资源的减少，优质土地资源的日益稀缺，为政府提供收入和建设资金的局限性日益明显。在土地利用总体规划、每年下达的建设用地指标和房价调控的多重目标制衡下，地方政府有节奏地控制着土地上市的节奏。为了增加可预期的土地财政收入，地方政府以发展经济为名，通过行政区划调整、修编城镇规划等方式尽可能多地增加建设用地供给，进入了土地财政陷阱，减少了农业用地的规模，形成了地方财力的依赖性和房价快速增长。

　　土地财政的实质是将未来的土地收益提前提取，根据产权的模式，有小的产权 50 年，大的产权 70 年。这可以根据不同类型的产权使用年限进行测算，如表 4-3 所示。土地财政易出现寅吃卯粮的现象，当届政府为了确保自身的收益最大化，会尽可能地将能卖的土地资源卖掉，导致下届政府无地可卖的境地，只能通过拆迁或占用更好的耕地才能缓解。这对于政府来说，也存在着代际不公平的问题。在从政府层面考虑之后，还应该从市民的角度进行分析，在地方政府不断开发土地的同时，抬高了地方的房价，高位不下的房价也超出了大多数人的现时购买能力，一次性透支了购买方未来最长达 30 年的收入，降低了其消费的动力，严重抑制了有效需求的持续增长，既不利于经济增长模式的调整，也不利于社会稳定和城镇内部二元结构的解决。

表4-3　　　　　　　我国不同类型的城镇国有土地使用权出让年限

土地使用类型	土地使用权出让最高年限（年）
居住用地	70
工业用地	50
教育、科技、文化、卫生、体育用地	50
商业、旅游、娱乐用地	40
仓储用地	50
综合或者其他用地	50

资料来源：《城镇国有土地使用权出让和转让暂行条例》。

根据现有的数据分析，我国地方政府偿还债务的主要来源是土地出让收入，多数省份在四成以上，有的省份甚至超过五成。这种单纯依靠土地出让收入偿还债务的结构属于刀锋模式，将政府的信用推向了风口浪尖，一旦受到经济周期波动的影响，有可能出现信用危机。我国发达省份的土地财政依赖度比不发达的省份更高，详见表4-4。

表4-4　　　　　　　我国部分省份的土地财政依赖度

省份	土地偿债规模（亿元）	土地财政依赖度（%）
浙江	2739.44	66.27
天津	1401.85	64.56
北京	3601.27	60.29
福建	1065.09	57.13
海南	519.54	56.74

续表

省份	土地偿债规模（亿元）	土地财政依赖度（%）
重庆	3261.40	50.89
江西	1022.06	46.72
上海	2222.65	44.06
湖北	1762.17	42.99
四川	2125.65	40.00

资料来源：《中国经济周刊》及中国经济研究院联合研究并于2014年4月发布的《我国23个省份土地财政依赖度排名报告》。

　　土地财政缺乏可持续性，因此，可称之为饮鸩止渴的发展模式。从长期来看，具有很强的负外部性，当然不能否认其为城镇化发展融资的短期效应。其负外部性表现在：受未来城镇化对土地资源的需求、土地资源本身稀缺性和国家耕地保护制度等多重影响，可以预见，未来地方政府土地出让获得巨额收益的空间会日益缩小。而且土地的大量、无序开发导致耕地浪费严重、社会不稳定增加等不良影响。此外，土地价格的快速上涨和自身的不稳定性，增强了地方政府对房地产的依赖性，长期的依赖性导致地方实体经济的进一步空心化，产业的发展因为缺乏专项资金的支持而导致失衡，长期来看，会增加财政压力和诱导偿债风险。

　　（四）地方政府融资平台存在较高风险

　　地方政府融资平台存在着较高风险，这表现在两个方面：一是政府显性的还债压力；二是大量的隐性地方政府债务的存在。地方债务与普通的民间借贷具有相似性，具有滚雪球的特点，除了要还本金，每年还会产生较大的利息负担。目前，我国各级政府的债务规模在15万亿—18万亿元，其中，地方政府性债务占有很高的比例。[①] 大量逾期债务存在的风险一旦爆发，会极大地冲击地方政府和金融系统。在地方政府融资平台运营方面，也存在着盈利能力差异，管理规范程度也因地方政府的监管严格程度不同而有所不同。由于政府对于政绩的需求，存在着尽量扩大融资规模的态势，在没有明确规定地方政府可融资额度的情形下，往往会增加融资规模，这导致超过地方政府承受能力，增加了风险。

―――――――――――

　　① 参见国家审计署网站。

（五）过度透支地方政府信用

政府作为偿还债务的最终责任主体，包括多种融资主体，如地方政府的融资平台公司、国有独资或控股企业、政府部门和机构与经费补助事业单位，它们分别举债40755.54亿元、11562.54亿元、30913.38亿元和17761.87亿元（见表4-5）。如果仅从举债主体类别来看，代表地方政府的政府部门和机构所承担的负有偿还责任的债务比重仅为28.40%，这一比重并不高。在较长时期内，地方政府的融资平台公司是主力军，超过了其他融资主体，比如地方国有独资或控股企业的融资。归根结底，地方政府作为最终债务偿还责任主体，承担着绝大多数的融资责任。

表4-5　地方政府性债务余额融资主体情况（截至2013年6月底）

单位：亿元

融资主体类别	政府负有偿还责任的债务	政府或有债务	
		政府负有担保责任的债务	政府可能承担一定救助责任的债务
融资平台公司	40755.54	8832.51	20116.37
政府部门和机构	30913.38	9684.20	0.00
经费补助事业单位	17761.87	1031.71	5157.10
国有独资或控股企业	11562.54	5754.14	14039.26
自收自支事业单位	3462.91	377.92	2184.63
其他单位	3162.64	831.42	0.00
公用事业单位	1240.29	143.87	1896.36
合计	108859.17	26655.77	43393.72

资料来源：国家审计署：《我国政府性债务审计结果》，2013年12月30日。

第三节　建立新型多元化可持续投融资体制

鉴于现阶段我国的投融资模式存在着诸多弊端，尚未形成融资主体的多元化格局，公私合作融资模式有待在实践中进行探索，地方政府在过去投资基础设施方面的资金量大，积累的债务负担沉重，在房地产市场基本稳定的情形下，现行的依靠土地出让金为主要来源的土地财政融资已走进死胡同。为了化解地方政府融资风险，应建立多元投融资体制，从而缓解新型城镇化建设的资金缺口。

由于新型城镇化建设涉及面广，配套项目多，资金缺乏是突出问题。在大城市的建设过程中，由于城市的品牌效应、乘数效应和产业的基础好，可以基本满足地方政府建设的需要。但是，由于政府投资的集中度高，而财政收入具有稳定性但不能满足短时期大量资金的需求，为此，应构建立新型的多元投资主体机制，让广泛的社会资本与财政资金一起完成城镇化建设的投资需求。在中小城市和农村乡镇建设中，由于其基础薄弱，财力有限，更需要建立新型投融资体制，以解决资金不足问题。

一 构建多层次金融体系，拓宽新型城镇化融资渠道

构建新型的多元可持续的投融资体制离不开金融体系的配合与支持，为此，要积极有序地构建多层次的金融体系，从而拓宽新型城镇建设的融资渠道。金融体系的核心是信贷管理制度创新，围绕新型城镇化建设的资金需求增加信贷供给，围绕城镇化过程中市民的增加提供更多的消费信贷供给。为此，商业银行要不断地创新融资工具并协助地方政府防范和管理好金融风险。同时，大力支持城镇建设中的主导产业以及具有巨大发展潜力的新兴产业。借鉴美国的经验，开展多层次的消费信贷金融产品，以满足广大城镇化进程中的市民在住房消费、耐用品消费和其他高层次的消费方面的贷款需求。这种消费模式，在国外都已经比较成熟，在风险可控的情况下，尽量增加金融信贷支持。

在完善金融体系中信贷管理制度的同时，要发展土地金融，土地金融不同于现行的土地财政融资模式。目前，我国大批农民工进城就业、生活，致使农村土地大量闲置，通过发展土地金融使农地流转的收益成为农民工在城市中创业的资本，可以有效地解决农民工创业的融资需求。土地对于农民具有双重作用，一是保障农民的基本生存，可以提供生存资料；二是可以通过将权利转让形成固定收益。在城乡一体化的进程中，创新土地地权的分离模式，并以此为基础进行融资，是重要的金融创新方式，被称为土地金融。随着农民工家乡城乡一体化进程的不断

加快，那些在城市中积累了丰富的工作经验后的农民工，逐渐开始返乡创业，这需要巨大的资金支持，而农地金融通过把农村土地的使用权作为抵押贷款来进行融资，可以有效地满足这一部分农民工的资金需求。我国的农地抵押贷款早在 2008 年就开始实行，但是，由于缺乏相关法律法规的保障，操作层面也存在着难以控制的风险，因此，一直处于缓慢发展的阶段。为此，应在土地产权的承包权和经营权分离的基础上，进一步探索以土地流转收益和经营权抵押为内容的土地地权融资模式。

二　进一步放开市场准入，发展 PPP 等公私合作模式

与传统的城镇化建设相区别，当前的新型城镇化重视市民的主体作用，强调以人为本，通过城市建设留得住市民、通过城市配套设施的建设方便市民，这对城市公共服务设施的建设提出了更高的质量要求。因此，单纯靠政府投入的发展模式已经不能满足当前新型城镇化建设的需求。不仅仅资金量大，而且项目多元化，有经营性、准经营性等。有的项目不便于政府资金的投入，所以，就需要进一步放开市场准入，大力发展 PPP 为代表的公私合作模式。

当前，国家在城镇化建设中倡导多元投融资体制。过去，公私合作的典型模式是 BOT、BOO 以及 BTO 等，主要针对比较明确的项目。放开市场准入，允许民间资本、私营资本和外资在政府的引导下，有序地进入城镇化建设中，有助于加快城镇化建设进程，有助于公共服务设施的完善。通过政府财政资金的引导作用，以及金融机构的贷款优惠、税务部门的税收优惠和融资上市、发行债券等方式，鼓励民间资本投入到城镇化建设的模式，正在自上而下地推广。从国家的顶层设计到各地方政府结合自身特点的模式探索，为 PPP 模式的发展搭建了快车道。

（一）PPP 模式概述

PPP 模式的全称是政府和社会资本合作模式。PPP 项目是指政府与私人部门之间通过签订特许权经营协议而确立的一种长期合作伙伴关系。在此框架协议下，依据协议规定的权利与义务，共享项目收益，共同分担可能遇到的经营风险。其优势在于：政府部门和社会资本有其各自比较优势，相应地分别承担各自擅长领域的风险，实现双方或多方优势互补，既能够使双方或多方均达到各自预期的满意结果，也能够让项目总体收益达到最大化。一般来说，政府往往承担法律风险、政策风险、确保最低的收费水平或给予相应的财政补贴，社会资本承担项目带

来的运营、管理等风险。PPP 项目具有稳定的运营现金流和获取适当的政府补贴，有准经营项目和非经营性项目之分。其典型结构如图 4 – 5 所示。

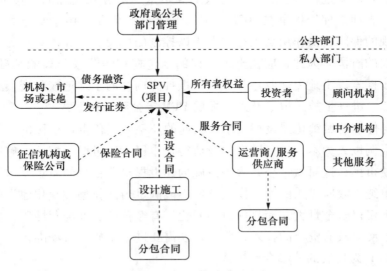

图 4 – 5　PPP 模式典型架构

（二）PPP 模式在我国的发展

在我国，PPP 模式从 2013 年诞生到目前，在各级政府的大力支持和协同推进下，得到了快速发展。先后经过了进入政府决策阶段、地盘逐渐清晰阶段、部委协同推进阶段和走向规范化管理阶段，这些进程都有典型的政府出台的文件作为佐证（见表 4 – 6）。

表 4 – 6　　　　　　　　　PPP 模式在我国的发展进程

年份	重要阶段	典型标志
2013	进入政府决策	李克强指出，要采用多种方式吸引民间资本参与经营性项目建设与运营。十八届三中全会将 PPP 提升到政府决策的高度
2014	地盘逐渐清晰	财政部印发《关于推广运用政府和社会资本合作模式有关问题的通知》（财金〔2014〕76 号），国务院《关于创新重点领域投融资机制鼓励社会投资的指导意见》（国发〔2014〕60 号），国家发改委印发《关于开展政府和社会资本合作的指导意见》（发改投资〔2014〕2724 号）

续表

年份	重要阶段	典型标志
2015	部委协同推进	国家发改委、国家开发银行发布《关于推进开发性，金融支持政府和社会资本合作有关工作的通知》（发改投资〔2015〕445号），国家发改委发布《关于鼓励和引导社会资本参与重大水利工程建设运营的实施意见》（发改农经〔2015〕488号），国家发改委、财政部《关于运用政府投资支持社会投资项目的通知》（发改投资〔2015〕823号），国家发改委、财政部、住建部、交通运输部、水利部、中国人民银行联合发布《基础设施和公用事业特许经营管理办法》，国家发改委发布《关于进一步鼓励和扩大社会资本投资建设铁路的实施意见》（发改基础〔2015〕1610号），银监会、国家发改委发布《关于银行业支持重点领域重大工程建设的指导意见》，国家发改委、建设部发布《关于城市地下综合管廊实行有偿使用制度的指导意见》（发改价格〔2015〕2754号）
2016	走向规范化管理	国家发改委印发《关于切实做好传统基础设施领域政府和社会资本合作有关工作的通知》（发改投资〔2016〕1744号），国家发改委、住建部印发《关于开展重大市政工程领域政府和社会资本合作（PPP）创新工作的通知》（发改投资〔2016〕2068号），财政部发布《关于在公共服务领域深入推进政府和社会资本合作工作的通知》（财金〔2016〕90号），财政部发布《关于联合公布第三批政府和社会资本合作示范项目加快推动示范项目建设的通知》（财金〔2016〕91号）

　　第一阶段：政府决策阶段。2013年7月31日，李克强总理在国务院会议上提出，要采用多种方式吸引民间资本参与经营性项目建设和运营。从此，迈进了从国家层面引进PPP模式的步伐。同年11月12日召开的十八届三中全会《中共中央关于全面深化改革若干重大问题的决定》进一步从党中央层面将PPP模式提升到了全党决策的高度。

　　第二阶段：地盘逐渐清晰阶段。2014年9月23日，财政部提出拓宽城镇化建设融资渠道，明确要形成有利于PPP项目开展的制度体系、原则和项目范围。同年11月26日，国务院出台了指导意见，就如何建立政府和社会资本合作的机制及重点领域进行了明确。随后在12月2日，国家发改委在国务院指导意见的基础上，进一步确定了PPP项目的使用范围，提供了合同范本。通过这个时间段国家及相关部委出台的文件，其主要精神在于：为 PPP 项目的开展提供顶层设计，为各地政府开展 PPP 项目释放强烈的信号，明确了大的方向和具体的操作流程，可以说，纲领性的文件已经出台。

第三阶段：部委协同推进阶段。2015 年是 PPP 模式在全国迅速推进阶段，在国家发改委、财政部、水利部、住建部、交通运输部、能源管理局、银监会、中国人民银行、国家开发银行等部委和金融机构的努力下，出台了一系列通知、实施意见、管理办法、指导意见。为各级政府和金融机构在项目投资方面，加强与社会资本合作的制度建设，进一步提出了具体要求。特别是 4 月，由国家发改委牵头五个部委参与制定的《基础设施和公用事业特许经营管理办法》的颁布，被称为 PPP 推进的基本法。明确了可以开展 PPP 项目的各个领域、PPP 项目操作流程和政府部门应承担的责任。融资方式和融资渠道进一步拓宽，对贷款的期限参照固定资产投资的模式，最长可达 30 年。鼓励设立产业基金、私募基金、发行项目收益票据和各种债券。这一系列文件的出台，表明了国家部委推进 PPP 的决心、信心和让利的幅度。因此可以说，是吹响了社会资本参与政府项目的号角。

第四阶段：走向规范化管理阶段。2016 年以来，PPP 项目在前期的探索中前行，出现了一些问题，为了纠正这些偏差，完善项目管理，解除疑惑，相关部委从树立标杆、完善融资机制、退出机制等方面进行了规范。其中，财政部在 2016 年连续发了 90 号、91 号、92 号 3 个连号文件，对政府和社会资本合作从公共服务领域、示范项目建设、管理办法等方面进一步规范。要求政府不能做出类似"固定回报、回购安排、明股实债"的承诺；在土地收储、开发、土地融资、土地出让、政府举债等方面提出了明确、具体的要求。这些文件对 PPP 项目提出的要求，为 PPP 项目的规范制定了更高、更具体的标准。

国家政策出台后，国家发展委为了大力推进各地 PPP 模式，出台了相应的配套措施。一是建立国家 PPP 项目库。2015 年，建立了首个项目库，已推介 4 万亿元的项目 2500 多个，实现投资 1 万亿元。PPP 项目得到国家层面的高度重视可见一斑。二是得到了金融机构的高度重视。国家发改委不仅建立项目库，还积极地将国内的金融机构纳入项目建设中来，对金融机构的参与提供了决策参考。一起构建新的融资平台，建设专项建设基金。这些银行包括政策性银行，如国家开发银行和中国农业发展银行等。三是在国家发改委的指导下地方政府启动了 PPP 项目编制工作。为此，国家发改委下达专项经费，支持重点区域的项目目录编制工作。2016 年，专项补助 5 亿元，用于开展此项工作。

（三）PPP 模式在推进新型城镇化中的必要性与可行性

首先，从必要性来看，在未来地方政府融资中，通过大力发展 PPP 模式，可以有效地吸引社会资本进来，共担风险、共享收益，提高项目运营的专业化水平。在建设社会主义市场经济过程中，政府应加大与市场主体合作的力度和范围，不仅在产业发展层面依托企业的发展，也应在公共基础设施建设领域引进社会资本。当前各地的地价明显上升，推动地价上升虽然提高了财政收入，但也阻碍了企业的发展，提高了企业的运营成本和居民的生活成本。PPP 模式减轻了政府的财政压力，可以节约大量财政资金投入到民生保障方面，为政府职能的转型提供了契机。长期以来，由于财政资金使用无偿性，造成了财政资金使用效率低下、缺乏评估的现象，在中小城市新型城镇化建设过程中，PPP 模式可以化解地方债务压力，提高财政资金的使用效率，促进地方政府与私人部门合作关系的发展，形成政府和市场共同体。同时，推行 PPP 模式也可以缓和政府财政举债压力，以便将更多的财政资金投入到重点民生项目上。

其次，从可行性来看，PPP 模式已经得到了政府的认可。从国务院 43 号文到财政部 2014 年的 113 号文和国家发改委 2014 年印发的 2724 号文，对 PPP 的操作流程和通用合同的签署进行了规范，为地方政府推广运用 PPP 模式提供了具体操作指引和有力的技术支持，这些都为地方政府发展 PPP 模式奠定了政策基础。

（四）PPP 模式在推进新型城镇化中的作用与意义

1. PPP 模式在推进新型城镇化的作用

（1）创新了城镇化发展模式。传统的政府财政投入的城市建设模式单一，限于资金压力，出现了财政缺口和政府债务压力过大的问题，城镇化建设速度不能满足日益提高的企业和市民对公共服务设施增长的需求。图 4-6 反映的是流行的地方政府财政资金主导的传统城镇化发展模式。新产城发展模式的推进面临着建设资金缺口、市场主体缺位、公共服务效率低下等问题，需要创新投融资体制，调动多个投资主体参与的积极性，通过 PPP 模式创新新产城发展的融资模式。

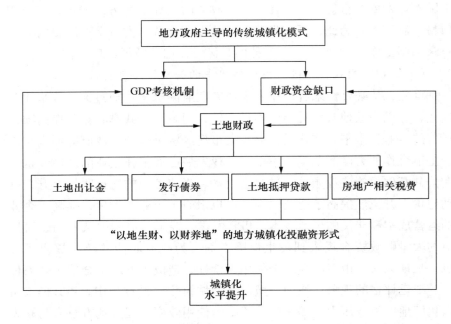

图 4 – 6   地方政府财政资金主导的传统城镇化发展模式

（2）促进市场主体更好地发挥作用。图 4 – 7 反映的是 PPP 模式助推服务型新产城发展模式流程。PPP 模式通过引进第三方专业公司，开展政府基础设施建设和运营，提高了服务的专业化水平，丰富了公共服务的品种，提升了质量。市场主体与政府主体在经营理念上有天壤之别，前者以提供高质量的服务来赢得市场满意为生存准则，后者以无偿提供为原则。通过 PPP 模式，有效地缓解了政府的投资压力，更为重要的是让专业的运营公司负责运营，可以使社会公众得到更高质量的公共产品和公共服务的有效供给。通过 PPP 项目的运营，增加了政府利用社会资本的能力，拓展了资本在本地的市场空间，有利于实现良性互动。

（3）PPP 模式有助于推动城市公共服务供给侧改革。服务型新产城发展模式的构建需要良好的公共服务，然而，以地方政府投入为主的传统城镇化建设尚未实现这一目标。在这样的背景下，推行 PPP 模式有助于优化公共服务供给结构并提高效率，从满足居民需求的角度真正实现"人的城镇化"。目前，政府公共服务不均衡、不均等的问题突出，多为自上而下的规划项目，不能反映城市民众的切实需求，并被称为

"两多两少"。PPP 模式是多元投资主体,因此,兼顾的层面较多,克服了政府单一投资的"两多两少"问题。社会资本通过技术和管理手段,不断优化供给结构,降低公共服务成本,发挥市场主体的能动性,提高公共服务与市民需求的匹配度。同时,推行并运用 PPP 模式能够有效地推进地方政府治理方式的转变,更加有利于服务型新产城发展模式的构建。

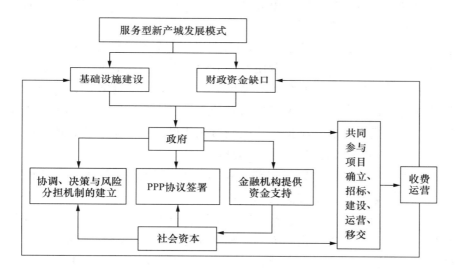

图 4 - 7　PPP 模式助推服务型新产城城镇化发展模式流程

(4) 有效地缓解地方政府的还债压力,实现债务重组。通过 PPP 合同,将政府的债务结构进行优化,减轻了政府的债务压力,降低了政府的债务规模。在私营部门使用公共基础设施时的费用支付,增加了政府的现金流,提高了财政资金的使用效率。因此,推行 PPP 模式也可以实现融资和效率并举:一方面可以解决服务型新产城发展模式建设融资的难题,另一方面也充分发挥了市场在资源配置中的决定性作用。PPP 模式提高了资源的使用效率,一个完善的 PPP 项目通过竞争可以把不同阶段的风险匹配到不同的参与者,参与者将自发地寻求新技术、管理模式来降低项目成本。同时,PPP 模式能够提高项目运营效率,PPP 项目周期较长,政府要由"重准入、轻监管"转变为"重准入、更重监管",从而避免了过去 BT、BOT 模式下项目运营效率低下现象的出现。

2. PPP 模式在城镇化建设中的意义

第一，可以从社会资本中挖掘资源，通过有效吸引社会资本，弥补城镇化进程中的资金短缺，实现"1 + 1 > 2"的效应。

第二，有效地调整公共部门在城镇化建设中的角色。通过 PPP 可以改变政府在公益性、准经营性与经营性领域的全能性投资主体角色，将不该由政府承担的包袱卸下来，从而减轻政府的财政负担及所承担风险，有助于政府转变职能，更好地将有限的政府资源投入到更基础的公益性事业领域，实现资源的优化配置。

第三，有利于提高效率。PPP 管理模式形成多方参与、互相监督的机制，有利于提升建设与运营质量，节约成本，提高效率。

第四，在与国外企业合作的过程中，发生技术外溢效用，有助于采用成功的先进经验。既拓展了经营者的思维，也将国际上的通用模式和游戏规则引进来，有利于提高我国城市化建设的技术水平和管理效能。

（五）PPP 模式使用时应注意的问题

PPP 模式虽然具有以上优势，但也不是万能的。在推行 PPP 模式时，需要注意以下三个方面的问题：

第一，切实维护公众利益。PPP 项目投资主体多，应从确保多方共赢的思路出发，合理确定各方的利润，保证不损害公众利益和项目的持续运营。因此，对于高社会效益、低经济效益的项目，政府要考虑给予财政全额或部分补贴，使 PPP 项目的经济效益和公众利益都有所提高。

第二，协调好政府引领和市场主导两者作用的关系。必须要厘清两者的边界，既要发挥政府的监督与管理职能，确保市场资源配置的主动性，政府为市场保驾护航；又要发挥市场在资源配置中的决定性作用，在确保项目质量的同时降低项目成本。

第三，要注意防范项目运营风险。PPP 项目交由市场运营，要注意防范市场风险。建立相应的项目风险预警机制，加强项目的监督管理，确保项目的公开透明，将有助于形成可持续、多元化的新型城镇化建设投融资机制。

总体来看，PPP 模式的推行要注意抓好三个关键：一是融资方式的选择要根据城镇化建设项目的特点进行量身定做，确保资金流入；二是搭建制度框架，特别是从法律层面和政策层面开辟新的融资通道，为民营企业、外资的注入搭建平台；三是相关经济数据的公开化，定期公布相关项目数据和负债率，以达到约束财政资金的目的。

三　创新金融工具，满足城镇化巨大的资金需求

金融是经济发展的血液，离开金融的支持，经济发展就会成为死水一潭。城镇化建设具有投资大、收益不确定的特点，更需要有金融资金的支持。在新型城镇化产城发展进程中，不论是在产业发展的基础设施，还是在生活配套的基础设施方面，都需要先期的净投入。这些投资注定不会像企业投资产品那样见效快，因此，必须要有金融支持。美国在金融工具创新方面走在了世界的前列，我国可以从中吸收好的做法，创新金融融资工具，将城镇化巨大的资金需求通过融资渠道得到快速募集。从单一的政府投资转变为公开市场募集资金，丰富了城镇建设资金渠道。

为此，在进行多元投融资体制设计时，应在城镇基础设施建设进程中，及时将资产证券化。政府牵头投资建设的具有经营属性的基础设施，其收入来源相对稳定，风险基本可控，投资风险低、信用高，可以通过进一步的包装成为优良的证券资产。资产证券化的主要目的是提高资产流动性，通过基础设施后期的运营，实现稳定的收益，提前将收益转变为现金流，提高了基础设施建设的速度。资产证券化已经在我国的多个领域进行了试点，当前需要在城镇化建设中，就如何进行证券化进一步建立健全相关的体制机制。同时，完善资产证券化相关的法律法规。通过资产证券化为我国城镇化建设融资，可以有效地加快资金周转，降低投融资风险，也能够让民间资本在城镇化建设中获得一定的收益。同时，要完善资产证券化发行体系。加快资产证券化发展，可以大幅提高直接融资比重，从而为新型城镇化建设引入更多资金。

金融机构的改革方向是与国际接轨，目前，资产证券化产品的管理已从过去的审批制向备案制、注册制，保持资产支持票据也改为注册制。这是银监会、证监会和保监会三会的新职责。通过资产证券化，可以改变实体经济融资结构，从过去的银行、私人借贷关系，扩大到公开市场募集资金，增强了经营性资产的流动性，提高了经营主体的信用，资产证券化是盘活存量资产的有效手段。在我国新城镇化产城建设进程中，是实现城镇化投融资体制改革的催化剂，有利于经济结构的调整。但是，资产证券化作为一项复杂的金融衍生创新，还存在一些需要完善的地方，特别是政策和法律规定方面还有待完善，比如税收税率的标

准、资本计提的原则和破产隔离的相关措施的完善、抵押物变更登记的相关程序和处置方法的规定、关于证券化基础资产质量的规定、关于详尽及时信息披露的规定、关于对投资者进行适当教育的规定等，以有效限定风险范围。

资产证券化是其中一个重要方面，此外也要发展债券市场。我国2014年公布的《国家新型城镇化规划（2014—2020年）》对此进行了明确。强调指出，发行地方债是地方政府融资的重要方式之一，是基于地方政府信用的担保，因此具有安全性高的特点，可以作为城镇化建设的融资方式。为了确保地方政府发行债务不会导致地方政府破产风险，因此，在地方债发行的初期是通过开展试点工作逐步推广开来的。当前的主要障碍是法律方面的，由于各级地方政府财政收入的差异较大，导致由此带来的信用状况不同，国家并不能强制地方政府发行债务。在当前城镇化建设进程加快的背景下，地方政府的债务风险必然需要重新评估，在合理进行风险评估的基础上，重新理顺地方政府债务发行和管理的体制机制，通过扩大地方政府债务的监督范围和公开程度，推进中央和地方分税制的优化改革，也通过债务的评价机制和评估结果的运用，强化地方政府的债务责任，促进自我约束机制的形成。

发达国家一般通过发行地方政府债券的方式来筹集建设资金，其具有融资成本低、资金来源稳定、收支纳入预算、信息公开透明等特点。我国从2014年5月起，在上海等10省份试点地方政府债券自发自还，并于同年10月对省一级政府的举债行为做出了规定。在实际的操作过程中，仍然存在诸多问题，如市场化程度不高、地方政府评级机制缺乏和地方债风险评估不全面等。为了克服以上弊端，有必要在地方政府债的发行、评估、风险控制等方面加强管理，促进地方政府债务发行的持续进行，通过金融市场的信息披露机制和逐步建立的地方政府信用评级机制，不断降低融资进程中的信息不对称程度。同时，在目前基于债券评级的基础上，着力健全地方政府资产负债表，扩大地方政府性债券的投资范围，活跃地方政府债券市场的二级市场，明确规定政府债务在税收方面的减免措施，优化地方政府的融资结构，化解政府融资风险，提高政府的融资效率。

四　加大政策性金融供给，构建多元主体成本分担机制

在构建新型的多元可持续投融资体制过程中，政策性金融发挥着巨大的作用，政策性金融在促进基础设施部门高速增长的同时能够积极引导民间资本的投入。为此，要加大政策性金融的供给力度，通过国家设立并全资拥有开发银行来为参与到城镇化建设中的交通等基础设施与公共服务设施部门提供长期的低息贷款，以此来满足城镇化在基础设施与公共服务设施方面的资金需求。

首先，加大政策性金融机构的深化改革，在充分调研的基础上，创新政策性金融机构的融资服务方式和内容，通过多种优惠政策组合，加大补偿的力度政策，确保公共服务设施和基础设施的建设资金来源和还款渠道畅通，比如，继续实施财政贴息和税收优惠政策。

其次，探索建立多元主体的成本分担机制，依据政策性金融机构的供给力度，将政府、企业和个人等多元化的主体进行分类管理，根据收益的程度进行成本分担，推进城镇化和农业转移人口市民化工作的可持续开展。

五　大力发展产业投资基金融资

通过政府的引领，依据地方经济发展的主导产业和公共服务配套建设的需要，大力发展多种类型和层次的产业基金。在科教文卫、养生养老健康和污水处理等领域建立相应的产业化基金，通过入股、合资合作的方式，吸收社会闲散资金，促进城镇化建设。

第五章　构建市场主导的新产城发展模式

产业和城市融合发展是供给侧改革背景下城镇化建设的新要求，这种模式克服了传统城镇化的单一造城模式的弊端，是适应新时代发展要求和借鉴国外发达国家城市建设经验的必然选择。新产城发展模式，可以简要地概括为 14 个字，即"以产兴城，以城促产，产城和谐互动"。在规划设计时，坚持以人为本，可持续发展，实现以城市居民的生产、生活便利为宗旨的产业、城市和人居环境的和谐发展。在当前以中小城市和西部城市建设为主的时期，由于涉及面广，资金量需要大，仅靠政府的力量是远远不够的，政府的财政资金投入难以支撑新产城的发展。为此，需要按照市场运作的思路，积极有序地引导社会资本参与其中，构建以市场为主导的新产城发展模式。在政府的引领下，尊重市场规律，创新市场机制，发挥市场在配置社会资源中的决定性作用。

新产城发展模式既要房地产开发，但更深层次的是要发展产业，通过高端产业链节点企业、龙头企业的培育和引进，实现产业链集群发展。为此，在这种模式下，如何为高端产业链企业提供高层次的综合配套服务是关键。尤其是在办公环境、科研人才、资金融通、信息共享、法律咨询服务等方面提供配套服务，从而降低企业成本，在其带领下，实现产业链的完善，最终为新产城发展提供持续的动力。

第一节　以市场为主导的新产城发展模式

一　新产城发展模式必须以市场为主导

城市发展具有阶段性的特点，早期阶段突出以城聚产，后期则突出以产促城。城市发展不同阶段的主导者也有区别，在早期阶段，必须要政府出面主导，这是因为城市建设的选址、级别、承载的主要功能并不是由市场来决定的，而是由政府决定的。在鸦片战争之前，我国所有的城市都是当地的政治中心。围绕政治中心，产业的发展是在政治中心的周边逐步聚集并发展起来的。鸦片战争之后，在资本主义国家的主导下，我国以通商口岸、矿产、交通枢纽等为特征的城市开始出现。新中国成立之后，在苏联模式的主导下，重点建设的城市多为区域性的政治中心，而且计划经济时代的特征是从大城市的建设开始，形成聚集效应。这不仅是政治需要、政府工作需要，也是优先发展、建设大城市的战略需要。

以经济建设为中心改变了新中国成立初期到改革前的政治主导的建设思路。在被以美国为首的资本主义列强封闭了 30 年之后，重新开放国门的时候，以政治中心为代表的城市功能，显然是不能适应外向型经济发展需要的。因此，在改革开放初期，我国提出了要优先发展经济主导型城市的发展思路。在此背景下，我国明确"以开放促进改革"的城市发展总体战略，集中全国的资金，率先在东南沿海采取画圈模式的开放步骤，通过引进外资来促进城市建设与功能完善的思路，形成梯度式开放格局，从经济特区、沿海开放城市到全国的工业园区、经济技术开发区，最后是新区建设，逐步开放，改变了以政治中心为主的城市建设模式，实现了城市建设的转型。

开放主导型的城市建设，虽然仍然体现为政府主导的特点，但是，政治中心的作用并不明显，甚至在一些地方出现了下一级城市的发展活力、经济总量超越传统政治中心城市的现象。这些现象主要体现在辽宁、河北、山东、江苏、浙江、福建等沿海省份，这些城市多为副省级城市、计划单列市，不承担政治中心的任务，以发展经济为己任，在经济领域大搞招商引资工作，城市功能配套和出台的政策多为吸引外商直接投资。这些资金以韩国和日本、我国港澳台地区为主，经济发展的模式均为外贸、外资、外经引导型。这些城市引进的主要是政府主导的招商引资模式，因此，国家给予了特殊的土地、税收、金融、人才等多个层面的优惠政策，在短时间内快速地促进了这些地方经济的发展。

当前的新型城镇化与改革之初的战略也不相同。首先，城市发展的格局是全面发展，改变了过去重视大城市和沿海城市的战略，重点放在中西部和中小城市。这就等于说是在全国范围内建设城市。这其中区域的经济差异、文化差异、地理环境的差异是非常大的。如果单纯地复制沿海城市建设的模式，必将成为沿海开放城市的简单复制，而且不具备沿海开放城市的先发优势，很难聚集产业、带动就业，居民安居乐业的难度骤增。

因此，新时期的城市建设必须要转变过去政府主导型的发展模式。要从本地区产业发展着眼，因地制宜地发展市场主导、产业带动、城市建设的新产城融合发展模式。产业的发展要立足于本地的资源优势，培育和引导原有产业的升级与转型发展，在此过程中，提出城市建设的配套功能，政府根据企业发展的需要，逐步完善配套设施。在城市经济发展起来之后，相应地完善居民生活的配套设施。这种产业主导型的格局不能忽略城市功能配套，两者相互兼顾、和谐互动，构建产城融合模式。

二 尊重市场规律，充分发挥市场的主导作用

新产城发展模式强调市场的主导性，尊重市场发展规律，改变统制经济的模式。经过多年的建设，城市的发展更趋于理性，一味地建设而忽视资源和环境承载力的思维方式正在被绿色发展、协调发展所代替。考虑产业的发展集中度，要素流动的有序和优化组合是今后的重点。

资本主义发达国家的发展阶段不同，诞生了不同的城市。西班牙、葡萄牙、荷兰以海外贸易主导的城市建设，英国、法国、德国、美国等以工业制造业为主导的城市建设，均有其特点。特别是在后期的资本主义发达国家，由于生产力的快速发展，对市场自由的追求更为热衷。经济学家也开始为它们论证，亚当·斯密提出的政府守夜人和美国的市场经济理论等，均以市场的自由发展为基调。政府的作用是弥补市场失灵，从宏观层面引导资金的流向，促进就业、国际贸易和经济发展。

充分考虑国际经验，在新产城发展模式中，中国必须要重视市场的作用，充分发挥市场主体的主观能动性，保护好他们的积极性。在产业发展中，围绕产业发展的大方向，为企业提供便利。不断地将政府的意图转化为企业发展的动力，形成政府追求的城镇建设目标、产业结构升级目标与企业追求利润目标的平衡点。在双方力量的整合与共同努力下，实现产城融合发展。

三 引导市场主体走向城镇化建设的大舞台

在市场主导的城镇化建设背景下，政府应主动让企业参与城镇化建设的各个环节，从招商引资到产业链的延伸等方面，应给企业提供一个

崭新的舞台。政府在幕后作为导演，让企业成为主角。其主要做法如下：

（一）改变政府招商引资的传统做法

改变过去政府主导招商引资的模式，在城市建设过程中，充分借助市场的力量，发挥所在地企业的主动性和积极性。政府招商凸显的是政府的执政意识，由于政府政绩考核的需要而进行的招商引资，往往有一定的急功近利行为，经常是违背市场经济发展规律的。而且政府的行为又会被"一把手"的思想所左右，招商引资不具有稳定性、连续性。政府招商引资主导的城镇化建设出现了一系列问题，主要体现在以下两个方面：首先，难以避免合成谬误。城镇化建设的政策制定和相关决策是要因地制宜制定的，不能盲目照搬，但是，各地政府在效仿其他地区城镇化先进模式时，不能充分考虑本地城镇化建设的实际情况，从而难以避免合成谬误。例如，在城镇化建设中，遍地兴建的中央商务区、总部经济、文化公园等。其次，政府主导城镇化建设会过度透支未来利益。在城镇化过程中，每一届政府都首先考虑本届政府的政绩，在传统发展思路的引导下，追求短期效应，注重当下效益，忽视长期发展，典型的表现是以牺牲自然生态环境为代价来发展生产，造成了对资源的过度消耗。现在，当经济发展成为带动城市建设主推动力时，必须要摒弃政府主导的招商模式。依据企业发展进行配套，强化产业链向高端延伸，通过产业链招商，发展企业与企业之间融合发展的优势，促进产业聚集，弥补政府财力的不足，运用市场的力量整合社会资源。

（二）充分发挥企业招商的优势

与传统的政治中心城市建设思路不同，产业与城市融合发展模式的重点在产业的发展。城市的存在，不仅仅是钢筋混凝土的存在，也不仅仅是配套设施的完善，其城市的灵魂与长期存在的根据在于主导产业。企业招商，首先是从本地经济发展和产业发展长远考虑的，因此，他们的招商模式虽然具有一定的营利性目的，但是会考虑得比较长远。他们会从有利于促进自身的生存与发展、产业集群的形成、主导产业和配套产业的选择等多个方面进行权衡。现在的一些新兴城市的发展，往往是因为一个产业的聚集而快速发展起来的。

（三）注重政府引领市场的作用

政府要尊重市场、引导市场，按照市场规律办事，避免少数官员的主观意志任意作为,从而确保新产城发展模式真正体现以人为本,重视保障和改善民生利益,促进人的素质技能的发挥以及社会地位的提高。新产城发展中的城市资源不能再由政府以行政命令来直接地、粗放地、低效地进行配置,而应充分发挥市场机制对资源配置的调节作用,使城市资源配置效率达到帕累托最优。同时,政府也不能再直接控制市场需求,而是在政府的政策引导下由市场进行选择。因此,在新产城发展模式中,应该以市场为主导,而在市场的监管和规范方面,又必须发挥政府这只"看得见的手"的作用,体现政府的宏观调控和对市场的引导职能。同时避免政府的手伸得过长、管得过宽,切合实际,适应市场规律,适度干预新型城镇化进程,实现新产城发展模式的健康推进。地方政府要切实制定规划、政策,营造良好制度环境,并承担公共服务的职能,使新产城发展成为以市场主导、依靠市场机制调节的自然持续的发展过程。

第二节 新产城发展模式的投融资体系

新产城发展模式投融资体系的最终目标是实现城镇投融资多元化。其要点在于:通过新体系的建立,为社会资本和金融资本的注入提供畅通的渠道,与财政资金一起,成为城镇建设的重要力量。由于财政资金的有限和社会资金具有广泛动员的效果,因此,强调财政资金以撬动社会资本为目的,发挥引导资金的作用。

一 加快推进融资模式创新

首先,加快地方政府融资平台建设。依据政府的级别,建设不同层次的融资平台,目前,省级、地市级和县级的投融资平台已经建设完成。但是,从全国范围来看,中小城市、县级市及以下行政级别的城镇尚没有建立投融资平台。城中村改造、棚户区改造和廉租房建设,必须要有可持续的资金保障。为此,地方政府融资平台建设是非常有必要的,也是城镇建设资金的保障。

其次,可以加强与现有城建企业的深度合作。通过财政资金参股的方式,实现财政资金与企业发展的整合,扩大城建资金的来源,畅通融资渠道。

最后，以城镇化建设本地化为目标，探索有本地背景的区县城镇建设投资公司。投资公司的建设有助于改善地方政府城镇建设的融资结构，通过开放式的融资模式融通资金，满足基础设施、公共服务和农村城镇化建设的资金需求。

二 加强对民间资本的引导和使用

民间资本对城镇化建设具有重大意义，但是，当前由于政策体系和对接平台的缺乏，导致民间资本融入城镇建设的积极性不高。为此，要创新政策体系，加大引进民间资金进入城镇建设的力度。一是创新吸引民间资本的政策体系，为民营企业积极争取上级政府的优惠政策，降低运营成本。减免税收，提供优惠政策，激发民间资本的活力，实现城镇建设的全员参与。二是创新服务体系，为民间资金的引进搭建对接平台。国家出台的新型城镇化建设规划和相关的实施意见都强调要因地制宜地开展服务创新工作。搭建平台，很好地贯彻、落实各级政府制定的产业政策，更重要的是，要把服务的具体措施制定出来，并且具有可操作性，以改变"两多两难"现状。服务体系应照顾到民间资金进入新型城镇建设的各个环节，从融资、信贷、融资模式和退出机制等，涵盖方方面面，形成完整的服务链条，改变"融资前重视，融资后轻视，退出时忽视"的现状。三是借助资本市场，开辟多元融资渠道。通过资产证券化、发行城市建设债券等方式，确保民间资本的保值增值。

三 加强投融资方式创新

新型城镇建设的投资主体可以分为政府、企业和其他团体与个人三种。从投融资方式来看，分为政府财政资金的投资、民间资本的投资、社会个人的投资和混合投资。在新产城发展模式中，要积极探索以上投资主体的投融资模式创新。

首先，财政投资模式创新。当前财政资金的使用效率较低，因此，新产城发展模式中要积极探索如何能够提高财政资金的使用效率，引进第三方评估机构，对财政资金的使用进行全过程的监督。2008 年以来，出现了当年投资盲目扩大、各地项目烂尾严重等问题。出现问题的关键环节是财政资金使用前缺乏项目论证，使用后缺乏评估，效率较低，甚至没有任何效率。为此，应探索成立财政背景的国有企业，通过企业模式，对财政资金的保值增值、使用效率、融资功能进行统一整合。

其次，创新使用各种金融工具。美国在新自由主义理念的指导下，

20世纪创新出品种繁多的金融工具，其目的是降低投资风险，确保投资资金的安全和实现盈利。当前，我国金融界的学者提出，应效仿美国的金融自由化的模式，采用基金方式、融资租赁方式、抵押担保贷款方式等。但是，需要注意这些金融手段在中国使用中的障碍，比如，是否有法律保护、如何化解风险等。

最后，划分项目类型，依据其特点创新投融资模式。一般而言，城市的投资项目可分为经营性、准经营性和公共服务性三大类。相应地，可据此设计不同的融资模式。这些项目资金量大，非一个投资主体可以承担，因此，一个项目往往涉及多个投资主体，可称为多元投融资方式。由于项目盈利能力具有不可预测性，因此，具体项目风险的判断、化解就是投资者最关注的问题。主流的观点，是引进第四方担保、保险机构，对可能出现融资风险进行担保，确保投资主体的资金安全。本书认为，流行观点并没有跳出美国的模式，在法律健全的美国可以这样做。但是，在中国相关配套法律不健全、担保机构不完善的情况下，可能很难执行。为了保证这些措施的实施，需要从国家层面建立相关的制度保证。比如，常用的BOT模式、PPP模式等，需要国家出台相应的风险化解政策与制度。加强在项目选择、建设期的质量、运营维护期的激励机制、项目移交的绩效考核、明确的奖惩等方面制定制度，避免重视项目前期建设、不重视后期运营风险导致的公司短期行为带来的风险。

四 国内融资创新案例分析

融资模式创新，有助于弥补城镇建设中的财政投入不足。地方政府依据自身的发展阶段和财力，提出了一些具有地域特点的融资需求，并创新了融资模式。这些发展模式虽然具有较强的地域性特点，但是，也可从中学习一些经验。比较典型的有湖北省的省级融资平台模式和北京市小城镇发展基金模式。

（一）湖北省的省级融资平台模式

湖北省通过政府注入资金，搭建了省级融资平台，通过这些引导资金，实现优质资源的整合和各项专项建设资金的整合。依据项目的特点，设计融资方式，吸引信贷资金、社会资金。从项目的类型和行业特点出发，引进公司运作团队，注册投资子公司开展项目运营。

比如，在公益性项目融资方面，通过向世界银行申请低息和无息贷款的方式，向企业和所在地的居民发行债券，成立环保产业基金等方式，广泛地吸收社会资金。在准公益项目方面，采取特许经营方式，将运营中取得的收入还款。在市场性强的项目中，让地方性企业作为主要参与者组建相关项目公司，采用商业贷款的方式融资，政府再以高于市场价格的方式采购该项目公司的产品，确保还款计划的顺利实施。

（二）北京市小城镇发展基金模式

北京市小城镇发展基金属于一种股权投资基金，从 2012 年开始成立，总规模 100 亿元，使用方向是市域内的重大项目落地和具有较大发展潜力的乡镇。主要围绕深化改革目标，集中消除小城镇发展的资金"瓶颈"，促进土地、金融、人才和管理制度建设，激发资源活力。该基金的形成结合了地方自身的民营企业资金量大、闲散资金较多的特点。在具体的操作过程中，首先是明确投资方向：促进特色产业培育和调整现有产业结构；城镇发展的配套基础设施和市政公共服务配套项目；旧镇功能改造和新镇功能建设。其次，由国家开发银行北京分行和北京市政府联合成立启动资金 25 亿元，带动了 75 亿元的社会合作资金，并撬动 200 亿元的银团贷款，通过投资乘数效应，进一步拉动 300 亿元的投资规模，实现政府引导社会资金参与的目的。

从以上两个案例的分析可以看出，在新产城发展模式的融资创新方面，各地都在进行积极的探索，只要能够结合地方社会资金的特点，依据项目类型，注重自身"造血"功能的主体作用和社会"输血"功能的助力作用的发挥，就能实现融资的目标。单方面的"输血"和单方面的"造血"，都会因各自的缺点而失败。

第三节　新产城发展模式的产业定位与发展

一　产城互动机理及在新产城发展模式中的应用

产城互动是指城市与产业发展之间不是孤立地各自发展，也不存在先后关系，而是在城市建设的规划阶段，就将产业发展的大致方向进行明确。新产城发展模式的重要表现是以产业发展为重要载体，通过产业的快速扩张，促进城市功能的完善。从动力方面来看，新型工业化为城市的发展提供了动力，也为城市的配套功能完善提出了需求。产城互动，协调发展，要求产业发展与城市建设互为表里、不分你我，作为一个整体。产城互动是新型工业园发展的方向，其本质特点是双轮驱动，双引擎发展。

从国内外的成功经验来看，新型城镇化的推进必须要走以产兴城、以城促产的道路，只有两者协调了，城市才能发展。一个城市能否长久地繁荣、充满活力，对外不断释放能量，其判断标准是产城一体化的程度。因此，城市的设计者应立足两者有机结合的思路，重视该理念的指导作用，将产业生态链与城市功能体系融为一体，将产业升级与城市功能升级一起规划设计，促进两者之间的互动与协调发展，其意义重大，不可忽视。产城互动不仅是指产业发展与城市建设的互动，而且包含三大产业之间的互动，同时也包含城市形态的互动，最终形成"我中有你，你中有我"的产城互动机制（见图5－1）。

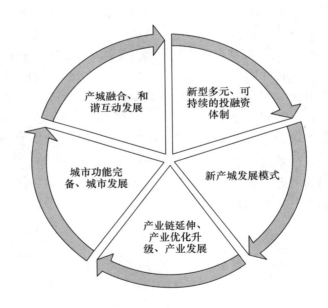

图 5 － 1　新产城发展模式产城互动机制

城镇缺乏产业支撑，就不会有持续的发展动力。产城互动是新时期城镇化的方向，这种理念首先应贯彻到城市的发展规划中。虽然各地的经济发展都提到了绿色发展，重视城市生态环境的建设，但不能忽视的是，如果没有具有高端产业链的产业群体的支撑，城市是缺乏活力的。

另外，只重视产业的布局，忽视了城市功能的配套，也会制约产业的发展。过去，由于阶段性的城市建设会侧重某一个方面，缺乏统筹协调，轻城市、重产业的问题日益突出，导致产业规划布局与城市发展的需求不匹配，城市建设与产业发展的矛盾日渐激化，造成产业空间与城市空间割裂、冲突的局面。为此，新产城发展中的产城互动发展，应该在坚持产城融合原则的基础上，将城市功能与产业功能融为一体，以构建新产城发展模式，从而缓解产城分割的局面。

产城互动重视产业发展，强调产业发展是城市可持续发展的动力源泉。没有产业的支撑，城市的发展将成为一个消费型城市，大量的消费品需要从外地运进来，大量的资金将流出，时间一长，城市将成为空城。生产要素的流动具有利益驱动的本质特点，城市产业发展了，才能留住生产要素，聚集生产要素，为城市的发展提供更为多元的要素。在新产城发展模式中，应该为企业的发展创造良好的投融资空间、良好的办公环境、政策环境以及相关配套服务，目的是吸引更多企业入驻新产城，最终形成产业聚集，形成新产城的优势主导产业。在主导产业的引领和带动下，促进关联产业的发展，促进配套产业的诞生，从而刺激产业链的延伸与节点企业的做大做强，由此为高端人才的引进和相关知识型产业的发展奠定基础。

在新产城发展模式中，城市功能的提升是核心，也是产城和谐互动的重要内容。城市功能的提升是当前工业园区城镇化的重点，也是工业园区城镇化的难点。产业发展的布局是工业园区布局的主要指导思想，其配套服务的功能是围绕企业发展来设计的。当产城一体化发展时，要求城市基础设施和配套服务，不仅考虑产业和企业的发展诉求，更要考虑为居民的生活便利带来的基础设施的建设，诸如具有很强的社会服务功能的教育、医疗、社区服务、商业设施等都将纳入。如果说工业园区的服务对象是法人的话，那么新产城发展模式下城市服务的对象则包括法人、自然人，既包括现有的劳动力人群，也应包括未成年人、老人和流动人口；既要考虑生活的便利，也要考虑生活的环境。为此，必须以人为本，努力完善城市的生活、生态等配套服务功能，以满足居民的各方面需求，使新产城朝着宜业、宜居方向发展，以此来吸引人才流入，更好地促进产业发展和城市繁荣。

产城互动是新产城发展模式的理论依据，是判断当前新型城镇化进程中出现两者之间是否脱节的重要标志。单纯的房地产化带来的空城现象严重，一些地方出现了"有城无市、有城无人"的现象，浪费了大量的资源。因此，要以产城互动为指引，通过城市的发展带动产业的繁荣，通过产业的发展，完善城市的配套服务和基础设施，产城和谐互动成为城市发展的双引擎。城市的发展具有吸引周边生产要素的作用，并为要素在这里的高效使用提供平台，为它们的创新创业提供机遇和平台。

二 新产城发展模式下的产业定位与选择

城市的发展是多种因素聚集效应的总体反映，但是，能够长久发展的城市必须有产业的支撑。特别是进入工业文明之后，产业发展与城市发展的互动更为明显，从某种程度上说，发达的城市都能说出其支撑的产业，如汽车城市、金融城市、资源型城市、现代制造城市、外贸城市等。这些产业的发展带动了城市的发展，并提高了城市的品位。从产业梯度转移的角度来看，城市的发展多是第三产业带动第二产业，第二产业辐射第一产业的模式，或者是在第二产业高度发展的基础上发展第三产业。因此，城市的发展多为第三产业、第二产业，较少表现为第一产业单一发展模式。有的城市更是提出了接二连三的产业融合发展模式。从城市发展的历史沿革来看，进入工业文明之后，任何一个城市的发展都应坚持工业发展优先的战略。主要原因在于工业产业链明显要长于第一产业和第三产业，在吸收资金、创新技术和吸纳就业方面具有明显的优势，可以有效地改善人们的技术素质，提高收入，促进传统农业城镇的结构转型。

在第二产业繁荣之后，就会吸引第一产业劳动力向第二产业流动，同时催生了围绕生产和生活的服务业的诞生。生产服务业的发展可以提升市的品位，吸引高端人才。由此，实现产业带动、人才聚集、产业升级、产业链延伸的良性互动与循环。

这就要求做到：一是正确地选择主导产业，从引领和支撑城市发展的高度，重视主导产业的培育与筛选工作。其选择的高端性决定了城市的内在竞争力和可持续性，城市的发展必须要对主导产业进行反复论证，最好能结合城市发展的阶段性，对主导产业的选择和更替进行设计与规划。有些城市在主导产业选择时，只重视当地的资源，没有将未来的产业发展一并纳入考虑，结果等资源枯竭时，城市的发展也就到了尽头。二是配套产业的选择。主导产业的发展不能一枝独秀，不仅要有一个产业集群进行支撑，而且还需要相应的服务性行业提供优质、高效的服务。城市产业集群的打造也需要从短期、中期和长期三个阶段进行规划与设计，城市的建设与发展不能一口吃成个胖子，但是，如果没有对产业集群进行长远考虑，就会出现盲目性。比如，为了短期利益而发展利润高的产业，忽视基础产业的发展，城市的发展根基就不牢靠，结果只会出现暂时的繁荣。三是产业的发展要结合本地的资源和市场。没有本地的资源支撑和市场支撑，所有资源的来源都依靠进口，所有的产品都要销往外地，无疑会增加成本。我国沿海城市的产业发展外贸依赖性太高，所以，在2008年国际金融危机之后，受到了严重的打击。四是结合时代的特点。在目前"大众创业、万众创新"的背景下，新产城发展模式通过产业发展、产业链的延伸，新产城发展模式也为广大青年创业者提供了一个平台，客观上给广大创业者提供了一个发展机遇。产业的发展需要创新创业平台的搭建，为广大的创新创业群体注入资金，提供工作便利，吸收社会资金。比如，马云在杭州创建的阿里巴巴电商平台，成就了千千万万个小微商家，现在已经成为中国电商的中心，带动了整个杭州产业的发展与电商繁荣。

三　以主导产业为核心延伸产业链

新产城发展模式并不是简单的办公楼等基础设施建设，同时，也不是传统的产业园建设，而是革命性的、产业新城内企业彼此间相互合作的产业群落。新产城作为一个有机的整体，其建设应使落户企业之间最大限度地共享资源，使落户企业形成一条完整的产业链，实现彼此间的分工与协作，进而在新产城内构建出最有竞争力的产业生态系统。为此，在强调政府为企业提供尽可能完备的公共配套服务的基础上，还应该加强新城内具有主导优势的可持续产业的培育与发展，通过对上下游产业的整合与集聚，形成产业链的不断延伸态势。在政府搭建公共服务创新平台体系中，应加大构建企业间的协同创新，通过产业链的整合带动产业新城内生产要素在各企业之间的有序流动，压缩落后产能，促进优势产业不断升级。以生产性服务业的发展，整合传统服务业，大力发展新兴科技产业、高技术制造业等，对传统的劳动密集型产业进行优化与改造，使其切实符合时代发展的要求。运用市场机制和经济杠杆，引导企业、个人投资向新产城内具有发展优势、经济效益高和高新技术产业转移，逐步改善产业结构，最终形成一个具有强大生命力的产业发展体系。

在新产城的产业升级与优化改造中，产业链的优势比较明显（见图5－2）。其中，最为典型的是产业链的极化效应与涓滴效应。其主要表现在三个层面：一是产业链中的企业依据技术高低和关联度进行分工，确保劳动效率的提高，在相似岗位上进行技术协作，协同效果明显，产量大、收入高，吸引低收入地区具有专业技能的人才来新产城寻找就业机会；二是产业链内大量企业的集聚，也对劳动力产生了巨大的需求，这样，就在产业链所在地形成了完善的劳动力市场；三是通过产业链的技术延伸，产生出大量的配套产业，这些产业由于规模小、进入门槛低，可以获得大量社会资金的注入，当大量社会资本纷纷投资时，降低了吸引资金的成本，形成产业生态链，引导外资的投向。

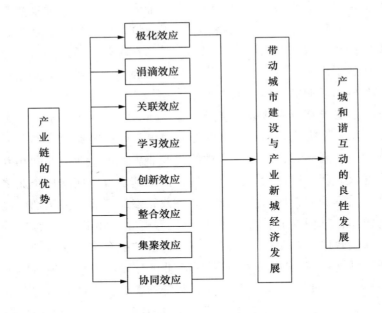

图5－2　产业链的优势

例如，通过招商引资引进的具有国内领先技术的外资企业，具有弥补地方经济发展的资金缺口和技术缺口的双重效果。为企业的落地和经营，带来投资的乘数效应，成倍地带动相关产业的发展和地方GDP的提高。因此，产业链高端环节的引进，可以迅速推动多种生产要素的流动，形成以高端产业链企业为中心的生产要素流动态势，从而加快新产城经济发展速度。同时，周边的企业也会跟进，产业升级与落后技术、产能的淘汰速度也会加快。

通过新产城内产业链的延伸，可以使产业新城内的各产业相互依赖、相互作用，从而形成关联效应。一般而言，产业链的关联效应取决于产业链的技术环节，随着产业链依据技术链的延伸，不仅可以促进新产城内的产业自身的快速增值，还可以激发配套服务产业的建立。同时，产业链可以带来新知识的学习效应，在知识共享和技术传播过程中，产业链内部企业可以按照新的知识体系进行资源整合、管理创新和营销创新等，实现新产城内总体企业的运作效率提高和整体效益的上升，围绕产业链创新的速度自然会加快。空间上的距离缩短，会带来信息交流的频率提高，多种新知识在一起碰撞、整合，会促进不同企业之间创新思维的相互借鉴，无疑会增加创新成功的可能性，产业链内企业之间的互补性也大为增强。除显性知识的交流外，近距离交流也会促进隐性知识的传播，失败的经验同样会共享。创新需要人才，产业链的创新更是需要系统性的人才储备，快速传播的知识便于创新人才的脱颖而出，进而创新知识也会快速地在不同企业之间被利用。

产业链是基于现代分工理念形成的既相互独立又密切合作的现代生产体系。分工合作是其要害，产业链具有对内部企业的协同效应、整合效应。协同效应在于通过技术分工实现产品的整合发展，整合效应在于通过产品创新实现技术之间的耦合发展。新产城内的主导产业是支撑城市发展的基础，主导产业需要配套形成完整的产业链，实现产业整合和企业规模的扩张，随着主导产业的发展会衍生出新的企业。通过产业节点企业研发的升级和对外延伸，将市场陆续接驳外部城市，突破了地区的发展限制，形成多元化发展的格局。所以说，产业链的发展是新产城发展模式能否成功的关键环节，只有将具有总部性质、引领作用的龙头企业培育成功，实现上下拓展、功能之间的互补，突破企业集聚效应弊端，就会形成以产业链为核心的新集聚优势。

对企业而言，产业链的整体包括生产、研发与营销等环节，这些环节一起构成了闭环系统。如果按照价值链来区分，研发环节和营销环节是更具有较高价值的环节，可以说是整个产业链条的高端部分，直接决定着生产环节的价值能否实现。在产业链内部，存在技术链和价值链，相对于外部来说，就是整个产业链需要由一个核心企业承担产业链的节点，在核心企业的带动下，整个围绕其发展的衍生产业链企业，才能顺利地运转。因此，具有主导地位的核心企业必须具有可持续的创新能力，这就需要市场和政府合力推动，一方面发挥市场的需求拉动作用，另一方面政府通过制定相关的扶持政策，促进主导企业的回迁，保证产业链上的各个企业的生存，避免出现断链、死链、缺链。在新产城发展过程中，政府必须始终高度关注核心企业的发展，帮助它们解决创新发展中的困难，促进同城内企业之间的共生发展关系的建立，促进竞争与合作，促使相互之间交互发展。

现代企业的竞争打破了过去企业个体竞争的态势，转变为企业自身所在的产业链之间的竞争。这种新的竞争态势在新产城方面的表现更为突出，产业链层次的高低和整体发展的速度快慢将成为制约产业发展的关键环节，为此，新产城的产业链管理应采用开放与合作的模式，实现产业链的系统配套，增强当地企业的生态环境，形成互为依存的关系，在合作中竞争，实现技术水平的提高和产品的升级换代，从而提高整体产业链的对外竞争能力。

新产城内可以发挥各自企业的优势，整合各种资源，发挥协同作用。产业链通过专业化分工，综合调度，挖掘企业之间的资源，提高总体区域内企业的获利能力，避免出现资源浪费。上下游企业过去可能相去甚远，难以实现人才的资源共享，而实现集中办公之后，就可以通过上下游企业人才之间互相交流，避免同类错误反复出现的问题，节约了整体的研发成本和纠错成本。通过技术人员的交流经常化机制，可以实现创新技术的快速出现，节约了单个企业的研发费用，对于分散各自企业的投资和运营风险有较大的好处。在管理方面，同样具有传递效应，好的管理方法和经验可以通过人员的交流和企业高层之间的探索得以传播；成功的企业还可以受托对其他企业进行经营管理，在增加本企业利润的同时，降低其他企业的管理成本；在销售环节，产业链内不同类型的企业可以通过整合销售与营销队伍的方式，或是采用第三方营销部门外包的方式；通过运用大数据云计算技术，搭建分销互联网平台，或者在龙头企业的带动下借助其优势建设特殊分销网络；在品牌的包装与宣传策划方面，一起进行，可以节约成本；在仓储物流与运输方面，通过打造就近的合作平台，分享相关的资源；在售后服务方面，也可以通过类似呼叫中心的模式，实现售后服务的统一，最大限度地降低企业的运营成本。

新产城发展模式重点是关注产业的发展，通过构建和延伸现有的产业链来加快新城建设的步伐，产业链优势的发展是新产城建设的内涵发展方向。因此，在产业带动方面，要不断夯实产业链，促进新产城的社会和谐与经济发展。并且通过为新产城内企业提供专业化的配套服务形成产业聚集，进而形成完备的产业链是新产城发展模式的关键所在。

第四节 新产城发展模式下的人本城镇化

一 新产城模式下人本城镇化的内涵

推进新产城发展的最终目的是促进人的全面发展，让经济发展取得的成果与广大人民共享，而不是仅仅取得经济发展的硬性指标和建设更多的建筑设施。新产城发展模式应以人为本，秉承人的核心地位，统筹规划以实现人、产、城和谐发展。新产城发展旨在发展人即全面提升劳动者整体素质、能力、地位，同时兼顾社会公平，摒弃骄奢享乐之风。新产城发展模式全面贯彻以人为主体，其核心是以民为本，而不是以官、商或其他权势者为主体。在新产城发展模式实践进程中，城镇化问题在一定程度上也会有所改善，适时引导农村人口转移或就地城镇化，将农民市民化以便使更多的人广泛享受教育、医疗、卫生、就业等社会福利，在提升劳动者素质的同时肯定农村人口的社会功能，实现人的全面发展。

二 人本城镇化的比较优势

较传统意义上的城镇化，人本城镇化有其独特的魅力。其一，人本城镇化是协调、持续、全局的城镇化。人本城镇化建设充分考虑人的需求，是谋求人的全面发展的，而不再为了实现政绩最大化，以 GDP 增长为唯一目标。一方面，统筹城乡发展以达到城乡一体化，是人本城镇化的集中体现；另一方面，中国人口众多、资源稀缺、环境脆弱这一现实也是人本城镇化需着重考虑的。要坚持节约、集约、可持续和高效的原则，综合促进产、城、人的和谐互动发展。其二，人本城镇化是具有人文活力的城镇化。新产城是为人服务的，物是基础，在其发展模式中，人的精神和价值就显得尤为重要。

三 人本城镇化是新产城发展模式的典型特征与归宿

在新型城镇化新产城发展模式中，人、产、城的和谐互动发展显得尤为重要。在推进新产城发展模式时，要摒弃盲目提升城镇化率、将GDP增长作为唯一经济衡量指标的旧思路，侧重人的发展。人本城镇化以人为本，切实提升劳动者素质、地位，从"质"和"量"两个层面考察。

第五节　新产城发展模式下地方政府角色定位

新型城镇化新产城发展模式侧重市场化进程，但地方政府的作用不容忽视。新产城发展要坚持市场主导和政府引导相结合的模式，在新产城发展进程中，地方政府要在尊重市场规律的前提下，担当起"守夜人"的角色，引导新产城朝着健康可持续的方向发展，同时，充分发挥市场在新产城发展过程中资源配置的决定性作用，使政府"有形之手"与市场"无形之手"有机地结合起来，科学地处理好新型城镇化新产城发展进程中政府与市场的关系。

一 新产城发展模式不能忽视政府的引导作用

新产城发展模式突出的是以市场为主导，但是，仅仅依靠市场调节而忽视地方政府的作用，就会造成新型城镇化的盲目发展，为此，新产城发展模式应该坚持"市场主导、政府引导"的原则，需要地方政府对新产城发展进行引导。但是，地方政府在对新产城发展模式进行引导时，也要注意政府与市场的边界。地方政府应该坚持市场的主导地位，不能过度干预新产城的发展，避免地方政府在新型城镇化推进中的角色越位与缺位。

就新型城镇化新产城模式来看，地方政府从开始的激励到过程中的治理再到结果的验收，政府的作用不容忽视。地方政府在新型城镇化中，既要按照中央战略部署，推进城镇化建设，又要充分考虑当地实际情况，同时，还要把握全局，处理好农民、政府和企业三者之间的关系。在坚持市场主导新产城发展的基础上，充分发挥地方政府对新产城发展的引导与支持作用是非常有必要的。众所周知，市场自身存在着一定的缺陷和不足，单纯依靠市场的推动势必会导致市场失灵，从而造成新产城发展中的无序混乱局面。为此，在新产城发展进程中，政府应该履行其政府职能，为新产城的发展营造一个良好的制度、政策与法律环境。

地方政府在推进传统城镇化的过程中起着重要的作用，在一定程度上有利于促进城镇化进程，有利于提高人民的生活水平。同样，在新型城镇化的推进过程中，地方政府在城镇化中发挥的积极作用，打破了各种制度障碍，从而使我国城镇化进程能够顺利推进。但不容忽视的是，地方政府在城镇化推进中存在着越位与缺位的现象，造成了诸如农民"被上楼"、土地纠纷等问题。地方政府在城镇化进程中的负面影响日益凸显出来。其主要包括以下三个方面：

首先，地方政府在市场经济管理活动中忽视了市场调节的作用，在城镇化推进中，超越地方政府职权范围来行使行政权力，从而扰乱了市场秩序，忽视了市场的主导作用。

其次，由于地方政府的不作为，出现了"角色缺位"的情况，导致城镇化进程中没有进行有效管理，从而出现无人引导的无序混乱状态，进而没有充分发挥地方政府的引导作用。

最后，政府在城镇化建设的某些方面本应该通过行政指导来管理，但却行使了强制性的行政命令。地方政府本应是处于引导城镇化发展的地位，然而却越位并主导城镇化建设，这不利于我国城镇化进程的有序推进。

因此，在新产城发展模式推进过程中，要对地方政府在城镇化进程中的引导作用进行重新定位，将应属于市场的权利归还于市场，充分发挥市场在新产城发展模式中的主导作用，同时，也要积极发挥地方政府的引导作用。例如，根据基础设施项目的性质，重新界定地方政府的职能范围，对于经营性项目，完全可以交由市场机制来解决。政府重点参与纯公益性项目的投资建设，准经营性项目可以采取公私合作的方式，以便充分发挥政府和社会各自的优势。随着新型城镇化建设的推进，政府直接参与的项目会逐渐减少，政府的工作重心也将会转移到对城镇基础设施建设和服务的监管上来。

在新型城镇化新产城发展模式中，地方政府的引导作用主要表现在以下三个方面：

首先，地方政府应该完善本行政区内的一系列配套制度，克服市场经济本身的外部性。同时，地方政府还要为新产城的发展提供公共服务，促进本区域的产业发展和城市繁荣，进而实现产城融合。

其次，地方政府在新产城发展中，还应致力于保障农民生存发展的权利，切实保障农民的利益不被侵占，加快农民市民化进程，使市民化的农民能够享受到新产城发展带来的公共服务与社会保障。

最后，在新产城发展模式中，地方政府应该转变观念，加快转变地方政府的职能，提高地方政府推进城镇化建设的效率和质量，使地方政府真正成为公共服务型政府，并积极引导新型城镇化不断发展。

在新型城镇化新产城发展模式推进中，地方政府要根据自身职能，制定政策，科学规划，激励规范新产城建设。同时，地方政府还应该为新产城的健康发展，创造良好的政策和法律环境，拓宽新产城建设的融资渠道，对产城建设进行监管，提供优质的公共服务，同时对市场进行调控和监管以弥补市场失灵，从而可以更好地发挥市场在新产城发展模式中的决定性作用。地方政府要把该放的权力放开，归还本属于市场的权利。地方政府应该完善体制机制，保障公共物品的供给，为新产城的发展提供充足的公共物品和公共服务，充分发挥地方政府"守夜人"的作用，最终将地方政府的"有形的手"和市场的"无形的手"有效地结合起来。

二 新产城发展模式要界定政府与市场的边界

新型城镇化不断推进过程中，地方政府为提高政绩，会干预市场，使市场机制不能发挥其在经济中的有效配置资源的作用，因此，在新产城发展模式推进中，有必要厘清政府与市场的关系，明确政府的职责范围，避免政府职能越位。另外，由于地方政府的财政资金投入有限，从而不能有效地支撑新产城的高效发展，需要市场的介入，通过社会资本参与新产城发展建设来解决资金不足问题。地方政府在新产城发展中要切实转变政府职能，重新确定政府在新产城发展模式中的定位，充分发挥地方政府的引导作用，引领新产城朝着健康可持续方向发展。在新产城发展过程中，政府要管住手中的权力，避免政府这只"有形的手"过度干预新产城发展过程。

传统的城镇化过程，政府起着主导作用，由于政府在推进城镇化的过程中，无法避免涉及一定的经济利益体，容易会滋生腐败。因此，厘清政府与市场的关系，划清两者的边界，政府充分发挥其监管与引导的作用，同时将新产城发展的市场行为，依靠市场机制来调节。在界定政府与市场边界的基础上，将市场机制这只"无形的手"与政府这只"有形的手"有机地结合起来，双管齐下，更好地促进新产城的集约高效、健康可持续发展。

三　新产城发展模式更强调服务型政府建设

深化行政体制改革，建设服务型政府是产城融合的重要保障。在坚持市场为主导的前提下，要构建服务型新产城发展模式，并在构建服务型政府的过程中，为企业提供优质的相关配套服务，通过提供良好的办公环境、完善的法律保障、风险投资服务、金融保险服务、市场信息与咨询服务、中介组织服务以及科研机构与高校人才保障服务，来降低落户企业成本。通过吸引各大企业进入到新产城中来促进产业的发展，形成特色优势主导产业，并带动相关产业的聚集，最终形成以特色优势产业为主导的产业完备、产业链完整的良性产业发展体系，进而促进新产城的发展，实现产城的和谐互动发展（见图5－3）。

首先，提供完整的企业配套服务，完善相关保障体系建设。服务型新产城发展模式的构建，目的是通过为落户企业提供完备的配套服务，一方面可以实现产城内企业的资源共享与相互协作，降低企业的合作成本；另一方面，切实解决新产城内企业面临的资金需求、市场信息、政策扶持、技术支撑、法律保障、科研机构与人才服务以及公共服务等"瓶颈"问题，最大限度地释放新产城内企业的创新活力。另外，更好地为企业提供完备的配套服务，新产城建设应致力于加强新产城内公共服务资源开放共享，整合利用新产城内的各项资源，实现新产城内人才、技术等要素的跨行业自由流动。并且要依托"互联网＋"、大数据等，推动新产城内各行业创新商业模式的发展，形成一个良好互动的产业发展空间。在优化办公环境方面，新产城发展模式的构建旨在通过为企业提供良好的办公环境及其他相关配套服务，来吸引企业的落户。在新产城发展模式构建时，应加大商务楼宇、优良办公设施等建设力度，并且通过减租或者免租的方式租给落户企业，为新产城内的企业提供个性化企业配套服务，改进企业的办公环境和工作模式，以便吸引更多企业落户新产城，带动新产城内高新技术产业等新兴产业以及相关产业的发展。

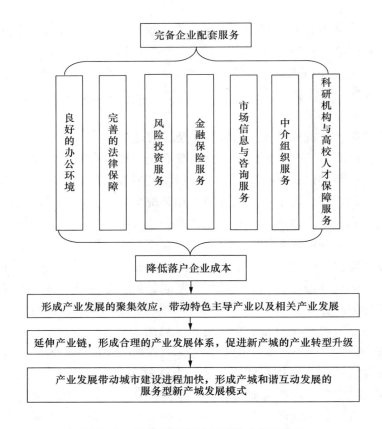

图 5 - 3 服务型新产城发展模式构建框架

其次，新产城发展构建中，政府以提供服务为主。主要包括产业聚集、产业融合，进而对产业链的延伸，为企业协同提供"空间"和"服务"，打造全新的新产城发展模式。在新产城内，通过相关配套服务的供给，有效地提升企业运行效率；通过空间共享、分时使用、优化资源配置等多种手段，为落户企业提供集空间、服务、资源及"互联网＋"的线下工作云平台；通过产业聚集及专业的相关产业配套服务，并带动相关产业的发展；通过资源共享来降低创新企业的合作成本，进而形成产业发展的聚集效应，延伸产业链，实现产业的转型升级。

在新产城发展模式构建的过程中，只有提供优质的配套服务，降低企业成本，才能吸引企业的进入，进而促进产业的持续健康发展。为此，在新产城发展模式推进过程中，应该加强产业支持配套服务区、综合服务区，公共服务平台、政务城市综合管理运营平台、安居服务平台、教育文化服务平台以及相关保障体系建设平台的建设。同时，打造完备的企业服务体系，培养一批企业服务提供商，为新产城内的产业转型升级提供便捷的服务。

最后，政府应积极争取高校以及其他科研机构进入到产业新城。在科研机构的技术与人才服务方面，企业的发展离不开先进技术与优秀人才的支持。学校、科研机构将理论成果转化为实际产品与服务，为企业发展提供新动力，鼓励新产城内的企业建立一批专业化、市场化的技术转移平台。鼓励依托三维打印、网络制造等先进技术和发展模式。同时，企业的发展，需要高科技人才、经营管理人才等创新型人才，人才的保障是企业持续健康发展的保障，为此，新产城发展模式需要为产业新城内的企业发展提供高校以及科研机构的技术与人才等相关配套服务。

为了满足经济发展对创新人才的需要，国家应该把创业精神培育和创业素质教育纳入国民教育体系，实现全社会创业教育和培训制度化、体系化。同时，加快完善创业课程设置，加强创业实训体系建设。加强创业创新知识普及教育，使"大众创业、万众创新"深入人心。此外，还要加强创业导师队伍建设，提高创业服务水平。加快推进社会保障制度改革，破除人才自由流动制度障碍，实现党政机关、企事业单位、社会各方面人才顺畅流动。加快建立创业创新绩效评价机制，让一批富有创业精神、勇于承担风险的人才脱颖而出。

总之，新产城发展模式的构建应坚持以市场为主导，但也不能忽视地方政府的引导作用。在坚持市场主导的基础上，充分发挥地方政府的引导作用，将"有形之手"与"无形之手"有机地结合起来，并界定新产城发展模式中政府与市场的边界。

第六节　构建新产城发展模式的原则与路径

一　新产城发展模式与新"五化"协调发展

新"五化"（新型工业化、城镇化、信息化、农业现代化、绿色化）是十八大以来指导我国区域经济发展的重要指南和纲领性要求。在产城融合发展模式中，应将新"五化"的发展理念融入新产城发展的具体实践中。

首先，将新"五化"理念贯彻到新产城发展的所有主体行为中。政府、企业、金融机构等主体，都应植入新"五化"的理念，并在规划制定、项目包装、招商引资和产业发展、人才引进与基础设施建设的过程中始终遵循这一准则。

其次，用新"五化"推进城市转型。传统城市重建设轻设计，重房地产轻产业，重资源利用轻资源保护，出现了诸多弊端。要改造现有的城市面貌，就要将新"五化"的理念融入其中。运用大数据手段，实现智慧城市建设，运用农业科技手段培育新农业，形成具有中国特色和地域风格的新城市。

最后，用新"五化"推进城市规划与城市功能完善。做到区域内的产业、居住、商业、商务、娱乐的集群发展、均衡发展、适度发展。通过科学谋划与规划城市空间布局、产业发展布局、生活空间布局、生态环境布局等，根治环境问题、城市交通拥堵问题和公共服务缺失问题。

二 新产城发展模式构建中应协调好三对关系

"以产兴城、以城促产、产城和谐互动"是新产城发展模式的重要特点，围绕这些特点，在建设新产城发展模式的进程中，需要处理好三对矛盾。

首先，处理好政府与市场的关系。在新产城发展模式的构建时，应坚持以市场为主导，但也不能忽视各级政府在资源配置、政策制定中的引导作用，充分发挥各自的优势，突出政府的宏观调控与引导、规范市场的功能，合理分配、共享产城发展成果。

其次，灵活地运用产城互动机理。以人为本，构建服务型产业发展模式，以主导产业群的建构引领其他产业的发展，根据城市建设的不同阶段，实现主导产业发展的有序更替。通过技术的升级和市场的拓展，不断更新和培育新兴主导产业，从现有产业中分离、衍生新的产业，通过产业链的延伸和空间的拓展，实现城市整体的产业优化。通过产业的发展，带动城市功能的完善、基础设施的改进和人才素质的提升，形成产城之间的良性互动。

最后，摒弃 GDP 主义的土地财政思维。城市的发展不是用来增加GDP 的唯一手段，城市建设固然要增加财政压力，但要借助现代金融手段，充分发挥社会资金的力量，降低财政资金的风险和债务压力。充分发挥 PPP 模式的作用，但应加强对资金使用效率的监管与绩效评估工作，确保国有资金和社会资金的保值增值。如图 5 - 4 所示。

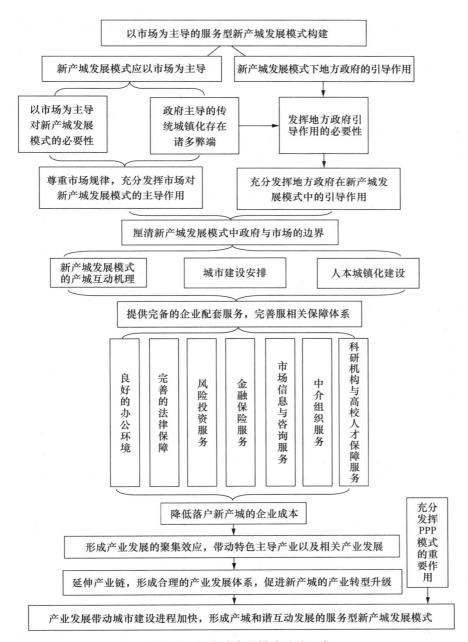

图 5 - 4　新产城发展模式总结示意

三 新产城发展模式建设的基本思路

(一) 在规划理念上强调区域发展与产业发展的协调统一

产业的发展不能游离于中心城市之外，在实践中，有的地方单纯发展产业，最后形成了产业孤岛。因此，在进行产城融合发展规划时，要强调多规合一的思路，注重与周边城市服务功能的嵌套。运用系统论思维，规划设计每一个系统模块的功能，注重子系统与子系统之间，以及与总系统之间的配合和整体打造。在此，可借鉴美国新城市主义的思想。防止出现切豆腐式的规划，看似简单整齐，浪费大量的时间和人力成本，生活、工作、教育等不同的功能区距离远，带来诸多不便。强调每个功能区域兼有工作、生活、居住、教育、医疗等生活配套与生产配套设施。将一些教育的功能与生产的功能有效融合，将生态的理念与城市建设融合在一起。这样的规划有利于实现土地集约使用、以人为本，避免产城分离。

(二) 精准使用财政资金

产业的发展需要政府财政资金的支持，在资金的分配和使用上，应兼顾公平，精准发力，高效使用。因此，在新的产城模式构建过程中，财政的转移支付力度要加强，相关与城市配套的设施要加强。比如，教育、医疗的投入多集中在三级甲等和重点中小学。在新的城市发展中，往往缺乏的就是这些配套资源。这些都需要财政资金在投入上加大对新产城的转移支付力度。

(三) 土地使用上加强制度建设

由于我国实行了 18 亿亩耕地红线的要求，土地使用和审批的周期长。新城的建设多是在中心城市的郊区或农村地区，因此，要有一套灵活的土地使用制度，才能满足城市建设中各类性质土地的使用。可以采用招拍挂、土地税收返还、土地出让制度等。在土地性质的变更方面和引导不同产业向某一地块聚集方面，政府应积极推动城市与产业的融合发展。

(四) 摒弃管理的思维，采用治理的思维，推进产城融合发展

传统的管理思维造成了各地城市建设出现了"一管就死，一放就乱"的现象，其根源在于管理主体与管理对象之间的对立关系，造成了双方之间的高度不信任，最后只能出现简单的要么乱、要么死的困境，这就是双方之间动态博弈的结果。治理的思维基于制度经济学和公地治理的思想。其特点是将产城发展中的各类利益主体聚集在一起，以平等的地位，共同协商城市的发展，在协商、谈判的过程中，达成共识。每一个新产城融合不是需要管理体制的完善，而更应是治理机制的完善，通过搭建多方平等的协商机制，实现政府与市场的有效沟通，避免双方的两败俱伤。

（五）有效避免新产城发展模式过度房地产化

新产城发展模式的构建应该抓住产业新城的深层次内涵，致力于构建服务型新产城发展模式，为入驻新产城的企业提供良好的办公环境，并提供相关的法律保障、风险投资、高校科研机构的人才服务、信息服务等。坚持以产业发展为核心、服务企业为宗旨，以完善配套服务为目标，促进产业链优化升级为衡量标准，通过城市建设降低企业运营成本，从而为新产城一体化发展提供强大的动力。

（六）立足已有产业基础和资源优势，实施创新战略

创新是我国的国家战略，也是产业新城发展的指导战略。通过整合自然优势资源和企业资源，形成产业新城的发展新动能。通过建设众创空间，服务创新创业团队，实现园区经济结构的调整，实现从要素驱动到创新驱动的转轨。

第六章 固安产业新城实证分析

固安工业园区是河北省首个开展产城一体化建设的园区，也是首个通过 PPP 模式建设的园区。经过十几年的投资建设，充分借助市场机制，在政府的指导下，始终坚持产城一体化的发展思路，通过成立专业公司对固安工业园区进行整体提升，借助全球资本建设园区，成为新产城发展的典范。园区的产城一体化发展，集聚了产业，兴建了配套基础设施，提升了园区的竞争力，改善了整个固安区域经济的结构，提升了整体的品牌竞争力和市场影响力。固安产业新城的内涵是通过产业化带动城镇化，通过城镇化聚集产业集群，由此推动县域经济发展。

第一节 固安产业新城的基本概况

固安工业园区新型城镇化项目被列入国家发改委首批向社会推出的13 个 PPP 典型案例之一，这为固安产业新城的发展提供了一个新的机遇和发展契机。PPP 项目并不陌生，但是，与单一的 PPP 项目不同，固安工业园区是将整个园区的发展看作是一个整体项目，这里面既包含产业发展项目，也包含基础设施等配套建设项目。固安工业园区作为唯一入选的产业新城项目，国家发改委指出，这个由华夏幸福公司与当地政府合作开发的产业新城项目，其借鉴价值在于做到了公益性项目与经营性项目之间的平衡，在区域整体开发的过程中处理好了产业发展与城市建设一体化中遇到的矛盾。此外，固安县政府与华夏幸福公司利用专业团队共同建设运营园区，实现了产城融合发展 PPP 模式，正在固安县新兴产业示范区和其他县市区推行，因而具有较高的借鉴推广价值。

2002 年以来，华夏幸福公司将固安作为自己的投资主阵地，按照工业园区的建设规划和新型城镇化的发展思路要求，与固安县政府通力合作，坚持以产兴城、以城带产、产城和谐互动、城乡统筹协调的理念，采取政府引导、企业运作、合作共赢的市场化运作方式，突出"产业高度聚集、城市功能完善、生态环境优美"的定位，成功地闯出了一条产业新城建设 PPP 模式的新路子。

一　固安工业园区概况

固安工业园区成立于 2002 年，最早属于廊坊经济开发区的一个成员。随着北京制造业的外迁速度加快和首都第二机场的修建，固安这个距离首都中心仅有 50 千米的园区区位优势凸显，具备了国际上最具魅力的"1 小时工业区"区位交通条件（见图 6-1 和图 6-2），成为京津冀一体化的前沿地带。2006 年，短短的四年时间，固安工业园区就跻身于河北省的省级经济园区。园区总面积达到了 34.68 平方千米，经过十多年的建设，已经成为生物医药、电子信息、先进制造、电商物流和现代服务五大新兴产业集群的产业新城。在 PPP 整体开发模式的推进

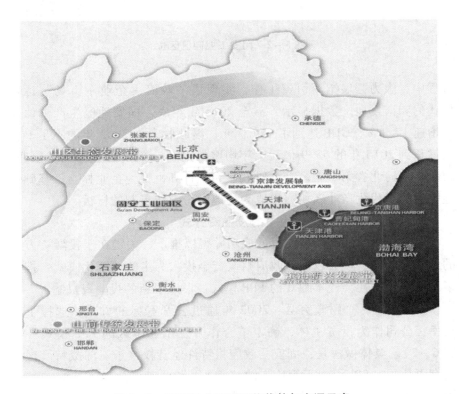

图 6-1　固安工业园区区位优势与交通示意

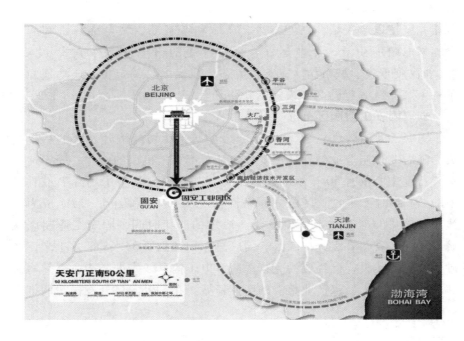

图 6 - 2　固安工业园区区位

过程中，大力开展招商引资工作，实现了"政府 + 企业 + 市场"运作模式的和谐发展。数据显示，截至 2015 年年底，固安地区生产总值年均增速 17.1%，GDP 达到了 177 亿元；财政收入由 2002 年的不足 1 亿元增长到 2015 年的 55.9 亿元，年均增长 40%，经济总量由全省垫底，跨越成为河北省第 3 名。一个以农业为主的县蜕变为企业林立、基础设施完善的现代化产业新城，更成为各地纷纷效仿复制的样板。

二　推行以 PPP 模式为主的投融资方式

固安工业园区新产城项目的成功并得以推广，关键在于投融资方式的创新。改变了过去以地方政府财政资金投入为主的城镇化模式，推行了政府搭台、社会资本唱戏的 PPP 模式，形成了新的投融资机制。

固安县是一个财政穷县，2002 年通过公开竞标的方式，选择了华夏幸福公司作为投资主体，确定了合作开发工业园区的 PPP 模式（见图 6 -3）。具体做法是：固安县政府将特许经营权授予三浦威特园区开发有限公司（SPV，以下简称三浦威特），华夏幸福公司为三浦威特注资，成为工业园区项目融资的总负责投资主体。具体的建设资金由华夏幸福公司进行筹措，通过资本市场，建立融资渠道。

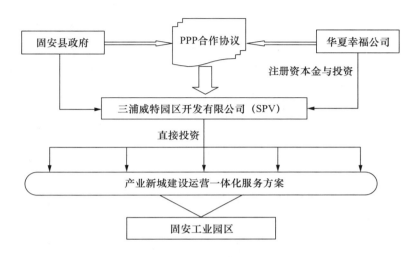

图6-3　固安产业新城投资模式

　　与单一的 PPP 项目相比，固安县政府与华夏幸福公司合作创新。主要做法是：运用整体外包的方式，对产业新城项目进行整体推进。该做法有效地突破了单个项目的束缚，实现了公益性项目和经营性项目的平衡发展。在具体的运作过程中，固安县政府保证公共利益的最大化，华夏幸福公司充分发挥了市场机制对资源的高效配置，并在实际操作中，创造性地解决各种问题，保证了建设的整体性和决策实施的效率。

　　从实际运行效果来看，截至 2015 年，华夏幸福公司累计投资固安工业园区资金量超过 160 亿元，其中，作为公益性的基础设施和公共服务设施项目投资约占 40%。截至 2015 年年底，固安工业园区累计引进签约项目 482 家，金额近千亿元，园区内形成了电子信息、汽车零部件、高端装备制造以及航空航天等产业集群，并通过集聚效应带动其他企业的发展。

　　固安产业新城的建设，促进了整体固安县区域经济的发展，华夏幸福公司与固安县政府合作的十几年来，固安县民生保障体系不断完善，基础设施与公共服务配套设施的建设日益完备，固安县的人均 GDP 增长了 4 倍，财政收入增长了 24 倍，成为"中国县域成长竞争力 50 强"和"中国十佳开发竞争力县"。

三 城市建设机制

固安县在城市建设机制上没有固守传统的单一发展模式，坚持产城和谐互动发展。首先，固安产业新城的建设放弃了传统房地产企业模式，以提升城市价值为核心，科学合理规划，避免了产城割裂。其次，坚持以人的需求为落脚点，强化产业发展促进就业，产业发展带动城市建设，城市建设促进高端产业集聚，实现了产城的互促互动，没有将城市作为一个单纯的空间载体，而是使城市建设朝着"智慧生态、宜居宜业的幸福城市"方向发展。最后，固安工业园区自成立至今，始终适度地超前进行基础设施建设，通过城市功能的不断完善来促进园区内产业的转型升级，并且加大了对基础配套设施建设的投入，在城市建设上相继启动了固安规划馆、中央公园、创业大厦、孔雀广场等提升城市品位的建设项目，丰富了城市文化内涵，拓展了服务居民的功能，产业承载能力大大提升。依据区位特点，固安县将其城市发展方向定位为京南"卫星城"，为了实现这一城市定位，固安县按照"主动融入、全面对接、同城一体、互补双赢"的要求，立足于自身的区位优势，在城市建设中充分利用紧邻京津这一有利条件，在发展园区内已有产业的基础上，合理布局专题性的产业园区，根据产业特点，建设了高端装备制造业主题产业园区、感知城市主题产业园区和航空航天主题产业园区，这些产业园区的建设为战略性新兴产业的集聚提供了广阔的发展空间，承接了一批新型产业，增强了固安新城的发展自信，使固安产业新城新型城镇化项目取得更好的发展。

四 地方政府在固安产业新城建设中的作用

地方政府在新产城建设中起着十分关键的作用。社会资本如流水一样，哪里需要就流向哪里。地方政府承担着挖渠的角色，要引多少水就需要挖多深的渠，要引多远的水就需要挖多长的渠。这些需要地方政府去谋划、去投资、去协调关系。当社会资本在政府修的渠中能够发挥较大的价值并得到相应的回报后，就会活起来。这时候，就不需要政府花大力气来修渠了，市场的活水就会从天而降，不需要渠道了，因为感动了龙王。所以，在产业新城发展初期，地方政府的主要工作就是积极有序地引导社会资本的参与，重点在于营造一个良好的投资环境。市场的参与节约了政府的财政资金，减轻了地方政府的压力。同时也应看到，倘若完全依靠市场的力量来推动新产城的发展势必会导致市场失灵，从而造成新产城发展出现混乱与无序的局面。在新产城建设过程中，首先需要地方政府向市场抛出橄榄枝，充分相信市场运作的能力，为其走上正轨提供政策法律保障和前期的资金支持。在产业新城能够高效运营或已经步入正轨之后，地方政府就不能松懈其引导、支持作用，要充分利用市场资源为新产城的发展提供后续的保障服务。

固安工业园区在河北省是首个充分利用市场机制开发建设的工业园区，其运作模式被称为"市场主导＋政府引导＋企业运作"的模式。其特点是运作的市场化、投入主体的多元化，表现出来的主要优势为精准的个性化服务和城市管理的标准化等。在固安产业新城发展进程中，地方政府在宏观指导、制定政策、招商引资及投资服务体系建设上发挥着巨大的引导作用。固安县政府与华夏幸福公司通过特许经营协议的签订，成立了项目公司。在项目公司成立后，华夏幸福公司作为母公司向固安的子公司注入开发资本金。之后，整个工业园区的提升工作和产业新城的配套设施的建设工作由项目公司负责，承担了全部运动员的工作。而退出城市建设主体的政府部门，则从宏观方面进行把控，承担了裁判员的工作，协助项目公司解决一些困难，也对公共服务中价格问题和服务质量进行监管（见图6-4），保证居民的公共利益和政府的声誉不受损害。固安工业园区的管理部门从属于县政府，和其他开发区一样，成立管委会，下设的部门对接县政府的所有部门，代表县政府提供全方位的政府服务和管理工作。

在固安产业新城的发展进程中，通过实践创新，更好地理顺了政府与企业的关系，通过市场机制的引进，减轻了政府的财政压力，使固安县政府从运动员的身份成功地退出，成为专业的裁判员。市场化的运作，使得全球资本都可以为固安所用，促进了固安园区的开放度，多元投资主体都可以在这里自由地发展。并且，政府的扶持政策的兑现给投资主体以资本回报，满足了各自的利益诉求。

城镇化的传统模式由政府主导，这是市场经济不发达条件的必然产物。但是，政府主导的城镇化的缺陷也明显地暴露了出来，在市场经济日益发达的今天，固安新城建设抓住了这一新时期的特点，通过整体PPP模式打破了这一传统，实现了政府职能在新型城镇化建设中的转变，充分发挥其引导、支持与监管作用，不仅可以减轻地方政府的财政资金压力，同时，也可以借助市场的力量来推进新型城镇化，使新型城镇化的资源配置更加高效。

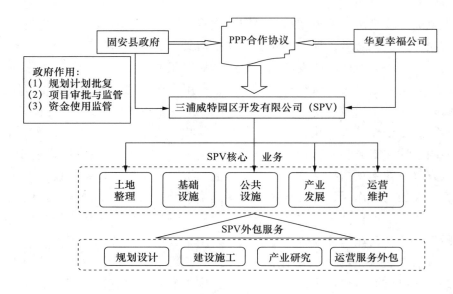

图 6 - 4　地方政府的作用

五　固安产业新城实施效果分析

固安新城经过十几年的发展，在经济建设、城市发展和民生配套、社会保障方面取得了跨越式发展。工业园区增长极的带动作用直接辐射到了固安县全县，中等城市的框架构建完成，成为首都南部的崛起新城，被称为新时期城镇化建设中产城融合发展模式和 PPP 政企合作模式的可复制样板。

（一）带动区域经济发展水平迈上新台阶

经过十几年的发展，目前固安产业新城建设取得了一定的效果，固安产业新城对于促进固安县经济发展起到了至关重要的作用，带动区域经济发展水平迈上了一个新的台阶。固安产业新城通过吸引企业的入驻，极大地提高了固安县的工业总产值，固安县人均 GDP 也有了显著的增长。

产业的持续发展累积了固安产业新城的价值，北京市土地价值的持续增值带来了固安土地价值的提高，促进了人口的快速流动，成为北京市周边增值最快的区域，由此也带动了整个固安县县域经济发展。固安工业园区新型城镇化整体开发的 PPP 项目带动了县域经济发展，2002—2016 年，十几年的发展使固安工业园区成为河北省省级开发区的翘楚，财政收入、工业总产值实现了跨越式发展。固安县在固安工业园区的带动下，"十二五"计划以来，每年以 45% 的增长速度领跑河北省，人均 GDP 翻了两番，财政收入增长了 24 倍，工业总产值增长了 50 倍。固安新城的建设，成为北京市南部的一个重点新城，列为国家发改委的重点 PPP 项目库。连续两年登上了中国县域成长竞争力排行榜 50 强，过去贫穷、落后的农业大县的面貌已经被如今先进的配套设施、高端的新技术企业等完全替代，成为各地纷纷效仿的可复制产城融合样板。

（二）构建了中等城市框架和服务配套设施

产业新城的开发建设势必会带来城市基础设施与公共服务设施的建设，经过十几年的发展，固安产业新城在坚持分层次、分阶段实施产城发展、城乡统筹的原则基础上，中等城市的框架基本构建完成。一是以华夏幸福公司为代表的 PPP 项目成功实施，融资超过 500 亿元，开展了前期的系列投资，实现了路、水电、燃气、通信等在内的"十通一平"。在此基础上，通过优势资源的引进，建设了以中央公园、生态景观等为代表的公共空间，建设了高端的配套楼宇和酒店，形成了智能城市核心区。锦绣大道投资逾 4 亿元，实现了与国道的连接，方便了居民的出行，为产业集聚创造了新的便利条件。

服务配套的完善提升了固安产业新城的品位，工业园区的企业更加自信。高端要素寻找高端平台，高端产业聚集高品位新城，固安产业新城的快速发展和成功，为集聚高端的生产要素和新城的可持续发展提供了保障。固安产业新城在发展中通过完善企业发展的相关配套服务，为落户固安产业新城的企业提供了完备的配套服务，固安产业新城只有为企业提供优良的配套服务，才能最大限度地释放产业新城内企业的创新活力，并进一步带动城市的开发建设。

（三）坚持以人为本理念建设幸福城市

随着传统城镇化理念不断遭到批判，以人为本成为新时期城镇化的主旋律，由此也影响了固安产业新城的建设。在固安产业新城的推进过程中，其最终目的是通过新城的建设以服务固安人民，固安产业新城的建设必然会带动当地医疗、卫生、教育等公共服务设施的建设。坚持"以人为本"来建设固安产业新城幸福城市，把改善民生、提升民生质量作为经济发展、产业培育、城市建设的出发点和落脚点，让项目建设、产业培育、经济发展作为改善民生的基础工作和动力源泉。以人为本，以提高人口素质和生存质量为目标，投巨资建设北京八中分校，和首都医科大学附属医院合作建设医院。公共资源均等化，不仅照顾到本地区的常住居民，而且也覆盖了外来流动人员，构建了全员覆盖、无空白、无死角的民生保障体系。2014 年，固安县民生领域支出达到 26.1 亿元，占公共财政预算支出的 84.8%，在河北省率先实施县级社保"一卡通"，在廊坊市率先建立了低保对象医疗救助制度。固安产业新城的这些举措客观上促进了以人为本的幸福城市建设，促进了固安县居民生活水平的不断提高。

固安产业新城坚持"以人为本"的建设理念，以满足人民的需求为目标，科学规划城市发展。一是协调人口发展规模和城市住宅、产业之间的比例。随着人口数量的增加，配置相应的基础设施。二是坚持人口红利原则。努力为劳动者创造优良的就业岗位，消除信息不对称造成的失业，努力引进企业创造新的就业机会，通过就业人口的数量增加创造更多的物质财富，增加就业人员的收入，提升家庭人口的幸福指数；三是重视以人为本的城市环境建设。通过 PPP 模式，引进大量的社会资金投入基础设施建设，弥补财政资金的不足，城市品质在短时间内得到快速的提升。在城市居住环境得到持续改善的同时，固安产业新城更注重园区共享发展理念，在基本就业的前提下更为关注群众就业的拓展、收入的稳定增加、生活品质的提升、社会保障的完善，让广大群众共享产业新城建设发展成果。固安产业新城围绕人口素质提升的目标，着力为产业新城的居民提供优质的各阶段教育服务，引进、新建多所中小学和具有广泛应用前景的职业教育学校，构建起完善的国民教育体系，同时以优越的硬件设施及知名学校的优秀师资、教学资源实现互补融合，服务于固安县当地居民。固安产业新城以大型医院与社区医院高低搭配，构建城市的医疗核心，医疗条件和配套实力与北京同步，极大地提升了固安产业新城整体医疗服务水平。

城市是现代人的生存空间，城市发展的目的是不断用现代化的设施满足人的需求，让人民的生存更为舒适，工作环境更为安逸。如何将以人为本的理念融入新城建设中，满足人民对日益增长的城市基础设施建设的需求，是固安县政府规划的基本考虑。以城市人口的规模和扩张趋势为基本数据，以此确定城市的发展容量，完善城市各项配套功能，达到最佳的人居生活环境。从生活需求出发，科学规划产业城市和住宅尺度、比例与布局，让人与城市和谐融为一体；通过不断完善基础设施，提升城市品质，从而提高固安产业新城内人民生活的幸福指数。

第二节　固安产业新城发展经验

经过十几年的建设，固安产业新城在推进新型城镇化方面积累了许多宝贵的经验，建立了产城融合的整体开发机制，整体开发与传统的单一项目招商不同，有利于产城融合的实现。典型做法是：首先，由政府从规划和战略的高度对固安新区新型城镇化的发展思路进行整体设计，既有产业发展的也有公共服务配套的设施，作为整体区域经济发展的蓝图。其次，将这些蓝图进行项目的包装与策划，挑选专业的运营团队，对这些项目进行整体发包。最后，由专业运营团队负责将这些项目进行招投标，采用 PPP 模式进行运作。政府不再一个项目一个项目地招投标，而是将整个区域经济的项目进行 PPP 运作。在固安新型城镇化新产发展进程中，科学规划先行、专业招商跟进、投资建设支撑是固安产业新城建设中的宝贵实践经验。

目前，随着固安产业新城的不断发展并取得了显著成效，为产业新城发展模式的进一步推进提供了宝贵的经验和启示，整体开发机制的构建是一大亮点。其核心思想是：让专业团队做专业的事，政府有自己的资源整合优势，专业团队通过市场运作的模式可以快速整合社会资金和人才力量，实现双引擎协调发展。这些经验既是固安新城建设的经验，也可以作为我国其他开发区转型的一个参考。

一　建立产城融合整体开发机制

固安产业新城在发展过程中，经过十几年的不断探索，逐步建立了产城融合的整体开发机制，这一机制的建立进一步加快了固安产业新城的建设步伐，通过 PPP 模式的引进，突破了地方政府资金短缺这一难题，同时，地方政府与社会资本的合作带来了固安产业新城建设与运营的高效率。以产城融合发展为目标，形成整体开发机制，这是新时期产城发展的典型经验，固安产业新城为其他开发区的发展提供了样板。

固安产业新城建设进程中，以 PPP 机制为核心，改变政府决策"一事一议"的做法，通过灵活便利、相互信任的做法，构建了政府与市场之间的互信平台，提高了公共服务的决策效率和服务质量，同时降低了建设成本。传统的 PPP 项目只针对营利性项目，这就导致有收益的项目大家抢着做，没有收益或收益不明显的项目无人问津。固安工业园区为避免出现这种情况，转变思路，将这个工业园区的开发看作一个整体进行综合开发。这种做法避免了项目的肥瘦问题，从整体建设角度对各类项目统筹兼顾，促进了规划的整体推进。在政府的合作过程中，政府要求市场从区域经济整体发展的角度，对项目进行包装，实现一揽子的外包。这种操作模式避免了因投资主体众多而增加的投资、建设、运营成本，而且减少了分散投资的违约风险，形成规模经济效应和委托—代理避险效应。"产业高度聚集、城市功能完善、生态环境优美"作为共同目标，政府和市场各自发挥自身的优势，固安工业园区切实做到了专业的事情交给专业团队来做，共同克服发展中的难题，通过招商引资、构建产业链条等措施实现了产业转型，通过建设产业基地搭建高端产业发展平台，通过资源整合和项目的外包实现城市功能的完备，为新型城镇化理念的扎实落地发挥了巨大的推动作用。

二 利用专业团队建设运营工业园区

固安产业新城的建设运营并非是传统的政府主导模式，而是利用专业团队来建设运营工业园区。利用专业团队建设运营工业园区更加有利于发挥市场机制在城镇化建设中的主导作用，减少政府行政的过度干预，极大地提高了产业新城建设运营的质量与效率。

固安产业新城在不断探索中积累的另一个宝贵经验是要利用专业团队来建设运营工业园区，从而实现产城融合发展。政府运营工业园区难免会导致行政的过度干预，不利于市场机制在产业新城发展中发挥决定性作用，从而制约产业新城的健康持续发展。固安工业园区政府充分利用市场机制，通过聘请专业团队来建设运营园区，专业团队具有高度灵活的决策机制，在政府总体的指导下，充分发挥自身团队的主观能动性，保证了园区按照初步的设想正常运转。在保证园区发展的前提下，政府充分发挥宏观调控能力，在统筹推进城乡一体化、产业链优化等方面做好自身的引导工作，加大公共财政在基础设施建设方面的投入，通过专业团队的精心运作和政府的主动作为，实现了产城融合发展。

三　实现产业发展和城市发展双核驱动

固安产业新城的布局多远离主城区，在建设的过程中，以产业的发展为先导，辅助城市建设，最终的规划方向是建成产业聚集度高、城市配套设施与功能完善、生态环境良好与生活环境舒适的新城区。固安产业新城的发展侧重人才的引进，通过高端人才、高端技术产业的引进，提升区域内传统优势产业，带动区域产业的整体升级。固安产业新城十几年的建设与探索，逐步成为以产业发展和城市建设双轮驱动的发展路子。产业新城的功能建设依据产业发展的阶段性目标，产业发展的布局又以城市建设与发展总体规划为指导，在两者之间的良好互动中稳步融合发展。固安产业新城在确定发展思路的时候，经过了一番调查研究，尤其是充分借鉴了国外工业城市的经验，在结合固安发展实际的基础上进行了科学规划，最后提出了以产业发展和城市发展双引擎为动力的驱动模式。为此，固安产业新城在建设过程中充分挖掘自身的特色，坚持市场主导、政府引导、市场化运作以及产城和谐互动发展的理念，成功地探索出了我国产业新城发展的独特模式。固安产业新城在产业与城市建设融合发展方面走在了其他开发区的前面，这种双引擎的发展模式引领了开发区的转型方向。通过产业的现代化、规模化扩大带动城市的发展，通过产业链的内涵增长提升城市品位，产业发展带来的财政收入的增加反哺城市建设，实现双轮驱动下的互动发展。固安工业园区依靠其独特的区位优势以及其产城融合发展理念，成为河北环首都新兴产业园区中的领军者，积极承接首都产业外溢与转移，最终实现了固安县域经济的加速发展。

第三节　固安产业新城建设中存在的问题

固安产业新城的发展取得了显著的效果，但是我们不难发现，固安产业新城在其发展过程中，过于急功近利，从而忽视了新产城发展模式的真正内涵，产业新城应该是致力于为企业的发展提供服务的。同时，固安产业新城的建设趋于房地产化，忽视了人本城镇化建设。在固安产业新城建设过程中，虽然产业取得了飞速发展，但是，由于相关配套服务的缺失，尚未形成完整的产业链。

一 开发主导新城建设，与新产城模式的要求有差距

产业新城的建设并非一蹴而就，固安产业新城在其发展过程中过于急功近利，忽视了新产城发展模式的真正内涵。产业新城的建设旨在通过为企业提供良好的配套服务，吸引更多企业落户产业新城，从而促进产业的转型升级，而固安产业新城建设的初期因为税收的原因和企业引进数量的要求，着眼点更为关注工业园区的建设和发展，在如何将工业园区的发展带动整体区域经济发展方面考虑不多，忽视了整体区域的产业优化升级。

目前，在我国产业新城的建设中出现了大规模兴建开发区、工业园区的现象，导致了各项资源的严重浪费。产业新城的建设在规划布局上与之不同，强调服务企业是全面的，而不是单一的工厂、仓库、物流服务，还有生活配套。同时，产业新城建设的物质基础，不是仅仅靠政府财政的转移支付资金，而是企业也要参与其中，发挥区域经济发展主体作用，从而实现产城和谐发展和交互提升层次的目的。产业新城的建设不能只注重形象工程或面子工程而过于急功近利地追求短期效益，忽视产业新城的持续健康发展，在产业新城建设过程中，不考虑产业结构的合理化以及产业的可行性而急功近利地引进大量企业入驻势必会造成一些开发区土地浪费、税收流失等严重问题，产业新城内的企业倘若长期亏损将会带来大量的失业，加之农民耕地被占用，会导致社会不稳定因素的不断增加。纵观固安产业新城的发展历程，我们不难发现，在其发展进程中，过于急功近利，尚未把握新产城发展模式的真正内涵。

二 重视房地产开发，新城建设趋于房地产化

在固安产业新城发展过程中出现的另一个问题是产业新城的建设趋于房地产化。目前，工业园区的投资价值提升无疑是与房地产市场的调控走向存在着密切联系。随着我国房地产市场的饱和，我国政府对住宅市场的投资投机空间形成了打压，但工业地产却几乎不受调控影响。在供给侧改革的背景下，降低住宅库存量是中小城市的关键，也是今后一段时间房地产调控的方向。同时，国家鼓励创新创业，希望投资实体经济。但从实践来看，尽管各个园区的发展程度不一致，但都尽力撇清自己与房地产的关系，可是，中国大部分工业园区仍然是以房地产出租出售为主要收入。目前，国外较成熟的工业园区，房地产收入只占四成左右，其余的收入占六成。与国外的园区相比，固安新城建设中的收入主

要来源仍是房地产收入，其他方面的收入尚不可观。

目前，我国的产业新城建设过度依赖房地产，固安产业新城的建设也尚未摆脱对房地产的依赖，产业新城的建设不能一味地靠卖土地、盖房子来拉动。在全国范围内推动新型城镇化的背景下，中小规模的新城建设势必加快进程，可是，在经济新常态和供给侧改革的情况下，学术界担忧会发生新的圈地运动和造城运动。典型的特点是，新城的建设缺乏主导产业，零散的企业形不成集聚效应，在三四线城市，尤其严重。固安虽然距离首都很近，但是，从城市的级别上看，也只能是三四线城市，要警惕出现新的房地产现象。

三　忽视服务型新城建设，产业链完整性弱

新产城发展模式构建的一个重要目标是为入驻企业提供良好的配套服务与相关保障，通过入驻企业的选择形成产业链的重要节点，发挥核心企业的重心地位，实现产业链的完善并最终形成完整的上下游产业链，在延伸和加粗链条的过程中，为产业新城的发展提供不竭的发展动力和物质方面的支持。目前，在固安产业新城的发展进程中忽视了服务型产业新城的建设，尚未形成完整的产业链。

产业新城模式与以往城镇化不同的是侧重产业的辐射带动作用。城镇的建设进程服从产业发展的需要，产业发展的高度决定了城镇建设的层次和配套设施的完善程度。从历史的角度来看，新的发展模式是对工业园区单纯发展工业、城镇化单纯聚集人口的扬弃，充分吸收了两者的优点，又把存在的弊端掩藏了起来。这里的掩藏并不是人为的掩藏，而是通过产业和城镇化两者的融合发展，在两者互相融合的过程中，促进了双方的功能一体化。首先，产业的发展不是孤立地发展工业，而是兼顾农业、信息、商业等生产服务业和教育、医疗、社会服务等生活服务业。其次，产业新城建设并不是其他工业园区的简单复制，而是因地制宜，依据自身的资源、环境优势，主导产业的选择、环境的打造具有地方文化特色，是一个有特点的城市。最后，双方互相提出需求，产业的需求、城镇建设的需求，这些都纳入产业新城建设的总需求中，政府借助市场的力量不断满足这些需求。产业集群的发展为城市的发展奠定了雄厚的物质基础，城市配套服务的完善为城市的发展提供了高品质的服务，为产业结构的升级提供了新的品牌和平台。

固安产业新城在过去 GDP 主义崇拜时期，也出现了追求短期效果

的一个时期，表现在引进企业方面重视数量，奉行"捡到篮子里的都是菜"的思维方法。这些企业现在来看，虽然支撑了当时园区的建设和发展，但总体水平较低，多为技术层次低的劳动密集型产业。虽然解决了一些就业问题，但是，整体收入较低，不足以拉动内需，长期存在反而影响了区域经济的发展，一旦经营有误，很难支撑企业的良性发展，难以形成具有发展潜力的产业链。

第四节 新产城发展模式视角下固安产业新城的改善建议

固安产业新城在其发展进程中取得了一定的效果，但是，仍存在着诸多问题，本书以服务型新产城发展模式的视角对固安产业新城未来的发展提出了有针对性的对策建议：固安产业新城在今后的发展中应致力于促进产业链延伸与产业结构的升级换代，促进产业发展与城市建设的互动与和谐；以人本城镇化为建设目标，注重城市发展中人的素质提高和生活改善；充分发挥市场与政府两种力量的合力作用，在属于公共服务领域，提高政府的管理效能；积极导入规划创新理念，合理调控新城开发规模；促进固安产业新城朝着服务型新产城发展模式方向发展。为了促进固安产业新城朝着服务型新产城发展模式方向发展，应该完善固安产业新城相关配套政策措施，促进固安产业新城形成完备产业链，发挥产业链的优势；同时，进一步发挥PPP模式在固安产业新城建设中的作用。

一 促进产业结构转型升级，形成产城和谐互动发展

产城发展的双重兼顾是新产城模式的要害，也是固安产业新城发展坚持的道路。在今后的发展中，固安工业园区应将这一原则贯彻到底，寻找产业发展与城市建设之间的契合点，促进两者之间的和谐互动。为此，在固安产业新城发展中，要积极引导其朝着促进产城和谐互动方向发展，通过固安工业园区的发展为其城市的建设提供强大的动力，进一步提高城市的辐射能力，通过企业的快速发展提高财政收入，由此增加服务企业的基础设施建设。在完善生活基础设施建设的过程中，也会影响周边地区的人才，借助距离北京近的优势，吸引高校人才来工业园区

投资创业。同时，基础设施的完善也会促进北京、天津的企业来固安投资，促进园区的发展。

产业新城的核心是产业，固安产业新城要将产业发展作为新城发展的引擎，精心培育和打造。这里，有两个重要问题需要考虑：一是产业新城的现有经济结构改良问题；二是产业分配问题。具体包括两个基本阶段：第一，因地制宜进行产业布局。充分考虑当地的自然与环境因素、经济与人文因素等，从而使产业新城的每个产业都能够有效地与城市相结合。第二，产业运作必然需要人的参与。如何让产业为新城人口提供良好的就业机会是新城产业优化结构的必然趋势。在固安产业新城中，三次产业的比例要合理优化，第一产业必须要为固安产业新城提供物质基础，第二产业要为固安产业新城提供经济基础，第三产业要为固安产业新城提供服务基础。总体来说，固安产业新城建设及运营必须优化产业结构，丰富产业业态，通过产业发展的需求改善产业新城建设，通过产业新城基础设施的完善吸引更多、更高的产业落户，实现产城之间的良性互动。

随着全球产业转移和服务外包的发展，我国经济形势发生了前所未有的变化，特别是创新型国家战略提出后，以创新创业为特征的经济发展出现了难得的发展机遇。这对固安新城的发展提供了契机。因此，固安产业新城的发展不能一味地建立在资源基础之上，要实现产城融合的发展，就要有健康可持续的特色主导产业发展定位，而且必须建立在实体产业的基础之上。

固安产业新城应根据当前发达城市产业外迁的动向，通过建设专业性、专门化的园区予以承接产业转移项目。一是培育新的产业链高端产品，通过高端产业链的扶持，形成技术高端，为吸引配套产业落地打下基础。二是要结合现有产业，适度完善和构建新的产业链，对接高端产品。三是在现有企业发展的基础上，形成交互发展的产业集群，充分发挥地域优势和土地资源优势，搭建各类优势平台，吸引新兴产业落地，从而促进区域产业整体水平的升级。

固安产业新城作为产业发展的载体，仅仅靠固安工业园区发展产业是远远不够的。目前，固安工业园区仍缺乏居住、生活等相关配套设施的供给。这个问题的存在是工业园区建设之初的发展定位导致的，从产业新城建设的要求出发，规划方面要重新调整。一是增加相关配套医疗机构、教育机构和居住的基础设施建设，要根据常住人口和流动人口的增加，分阶段进行建设。二是在产业发展时，城市建设要与之同步进行，切实改变现有的"空城"、"睡城"现象。高端人才已经从传统的物质需求的满足转向生活安逸、环境舒适，特别是在雾霾比较严重的情形下，更注重产业新城的环境建设，把产城和谐互动落到实处。

二 以人为本，推进人本城镇化建设

城镇化发展在初期阶段关注的是人口的聚集，随着产城模式的发展，将注意力转移到更为关注人口素质的提升上。新型城镇化提出以人为本，则从更高层次上提出了产城发展的方向。从固安新城的建设来看，应该从三个方面强化以人为本，实现人本城镇化。

（一）对产业新城现有农民的市民化改造

工业园区建设之初，这里是没有城市化的土地，属于农业用地，当地的居民以农民为主体。当产城结合模式在固安工业园区建设后，首先要注意的是，如何将原先的农村改造为社区，将原先农民的生活设施改造为城市的配套生活设施。同时，还要注重这些人群的素质提升，包括劳动技能素质的提高、生活习惯的改善和精神文化素养的提升等。

（二）对产业新城周边农村剩余劳动力的聚集作用

当固安新城建设初具规模后，就会对周边地区的农村劳动力产生一定的吸引力。因此，在城市建设的过程中，也应考虑到这部分群体在这里的生活配套。现在，农民工进城已经是普遍现象，相应的医疗、教育、社会保障等配套也要跟上。

（三）新城企业的劳动力人口的聚集作用

这些是因为工作的需要，在固安谋生的人群，有的只是周一到周五在这里工作，周末则不在这里，有的是偶尔来这里工作。这些人群和本地人的生活习惯和生活方式不一样，配套设施的要求也有区别。因此，在布局设施的时候，也要考虑这些因素。

总之，固安产业新城的建设应该以人为本，通过固安工业园区的建设来吸引农村剩余劳动力到城市就业，进而提高其素质技能和社会地位，使城镇化的成果由人民共享。因此，以人本城镇化建设为出发点，就要考虑到新城的产城一体化建设问题，满足人在固安产业新城工作、生活、购物、医疗、教育等各方面目标。

三　坚持市场主导，充分发挥政府管理的能动性

固安产业新城的成功之处在于坚持政府引导和市场配置资源的决定作用，如何让市场这只"利润最大化"为主导的"看不见的手"发挥更大的作用，实现融资、人力资本吸引和土地资源使用的最大效益，是固安产业新城的典范。在今后的发展进程中，固安县政府在固安产业新城中扮演的是服务型政府的角色，地方政府应对固安产业新城的发展进行积极引导，对其市场行为进行监管，以避免市场失灵，地方政府应该为固安产业新城的发展提供一个良好的政策与法律环境，提供公共服务，而不应过度干预固安产业新城的发展。将市场这只"无形的手"和政府这只"有形的手"有机地结合起来，坚持市场主导、政府引导的原则，才能保障固安产业新城的可持续发展。

在以市场为主导的基础上，发挥固安政府对新城管理的能动性，可以有效地促进固安产业新城的合理发展。有的学者坚持市场主导，但否认政府的作用。但从经济学理论来看，市场主体具有追求利润最大化的特点，其主要的使命是根据市场的需要生产出适销对路的产品，并没有承担公共服务和基础设施建设的义务。所以，在一些公益性、准公共服务领域，特别是在城市的发展环境打造方面，必须要由政府出面。

首先，政府在城市建设的初期和产业发展的初期必须要提供基本的办公条件，如通电、通路、通水、通网络等。

其次，在城市的管理方面，也必须由政府承担相应的责任，市场秩序的管理、城市道路的养护、社会保障等。

最后，政府部门制定的政策的兑现，也需要政府出面，一些科研攻关项目的申报、联合建设基地、一些项目需要土地的协商等。

总之，没有政府的参与，仅靠市场的作用，会导致市场出现偏差和混乱。当然，在市场方面要尊重市场规律、尊重市民和企业意见，充分利用市场资源为新城建设提供后续保障。

四　明确新产城发展模式，完善相关配套政策

新产城发展模式更强调服务业态的发展，尤其是以生产性服务业态为代表的新兴服务业的发展。为此，应完善固安产业新城相关配套政策措施，促进固安产业新城形成完备的产业链，发挥产业链的优势，同时，进一步发挥PPP模式在固安产业新城建设中的作用。

（一）完善固安产业新城发展相关配套服务

产业新城的建设不同于单纯城镇化的人口聚集，更重要的是体现在高端生产要素的集聚上，这是产业新城健康可持续发展的关键。这就需要为高端生产要素集聚提供良好的配套与保障。

固安产业新城的建设也应以此为目标，在今后的发展中，强化服务型新城建设方向，重点完善企业发展的相关配套服务，通过为落户固安产业新城的企业提供完备的配套服务，实现固安产业新城内企业的资源共享与相互协作，这可以极大地降低固安产业新城内企业的合作成本及其他成本。产业新城内的企业需求广泛，既包括政府提供的人才服务、行政服务、政策产品等公共服务，也包括市场信息、科研技术和其他为企业提供专业服务的会计、律师、融资等服务。企业需求的广泛性要求固安新城在开发建设中充分考虑这些要素，尽可能地满足企业的需求，丰富配套服务的内容并不断根据新的需求予以完善，整合利用新产城内的各项资源，实现新产城内人才、技术等要素的跨行业自由流动，进而形成一个良性互动的产业发展空间。

固安产业新城要想真正成为服务型的新产城，是离不开良好的企业配套服务的，固安产业新城只有提供优质的配套服务，降低企业成本，才能吸引企业的进入，进而促进产业的健康持续发展。为此，固安产业新城应该加强产业支持配套服务区、综合服务区、公共服务平台、政务城市综合管理运营平台、安居服务平台、教育文化服务平台以及相关保障体系建设平台的建设。通过商务办公楼的建设、办公环境的优化、风险投资、高校科研机构的技术服务与人才服务、信息服务等多种手段，为固安产业新城内的企业提供个性化企业配套服务，改进企业的办公环境和工作模式，吸引更多企业落户产业新城。

首先，固安产业新城要通过为企业提供良好的办公环境及其他相关配套服务来吸引企业的落户。在固安产业新城未来的开发建设中，应该加大商务楼宇、优良办公设施等的建设，并且通过减租或者免租的方式租给具有重要引领作用的领军企业，为它们提供更为精准的配套服务，根据企业工作特点，完善办公环境，通过服务品牌的影响力吸引更为核心与高端的高技术含量企业落户。

其次，企业的发展离不开先进技术与优秀人才的支持，为此，固安产业新城应积极争取高校以及其他科研机构与产业新城实施共建，高校和科研机构有自身的人才优势，但缺乏成果转化的场所。产业新城企业的发展面临技术的"瓶颈"，可以委托相关科研机构进行合作研发，这是双方共同的创新成果，有利于摆脱产业新城建设的高端人才、研发人才缺乏的窘境。同时，企业的管理经验也为科研机构的成果转化提供了相应的创新型经营与管理精英。为此，固安产业新城需要为产业新城内的企业发展提供高校和科研机构的技术与人才等相关配套服务。

再次，固安产业新城应通过咨询服务公司的建立为新产城内的企业提供经营战略、市场营销、人力资源与企业文化等服务，运用先进的管理理念打造武装企业管理人才队伍，促进企业运营效率提高，降低企业管理成本。同时，在新产城发展模式构建中，还应为落户企业提供法律保障服务，从而有效地防范产业新城内企业的法律风险，有助于落户企业参与市场竞争以及企业自身的发展壮大。

最后，信息不对称将会严重影响企业的发展运营，要为固安产业新城内落户企业提供更加完善的市场信息，固安产业新城应加强信息资源的整合，建立企业相关政策集中发布平台，完善专业化、网络化服务体系，增强新产城内落户企业的信息透明度，为新产城企业的发展提供完善的市场信息，从而促进企业的资源得以优化配置。在其他第三方专业化服务方面，固安产业新城的持续健康发展需要中介组织服务的支持，为此，应大力发展专业中介组织服务。这些服务业态种类丰富并不断地创新发展，包括财务与法律咨询、人力资源管理与营销策划、产品的检验检测、专业交通运输与物流和知识产权与专利保护等。

（二）促进固安产业新城形成完备产业链，发挥产业链优势

产业新城作为一个有机的整体，其建设应使落户企业之间最大限度地共享资源，使落户企业形成一条完整的产业链，实现彼此间的分工与协作，进而在产业新城内构建出最有竞争力的产业生态系统。为此，固安产业新城应加快培育特色优势主导产业集群，每一个主导优势产业都通过自身的技术链的延长和规模化，形成产业链的延伸子链，在产业新城提供的完备配套政策引导下，逐渐形成集聚效应。为此，固安产业新城应加大企业间的协同创新机制建设，促进产业要素在产业新城内各个企业之间的自由流动，扩大产业发展优势，围绕核心产业，大力发展配套的生产性服务业，创新上下游企业的产品，通过核心企业的技术提升、自主创新技术的培育，改造现有的低端产业链，通过政府引领、市

场引导的合力效应，促进企业和社会资金向新产城中具有发展优势、经济效益高和高新技术产业转移，逐步改善产业结构，最终形成一个具有强大生命力的产业发展体系。

产业链内的企业依据技术含量的高低进行分工与协作，核心链企业由于技术含量高、劳动生产效率高，生产的产品具有高辐射、高价值含量的特点。产业链的下游企业虽然技术含量低，但是，作为核心链企业的配套产品生产商，会形成更为多样化的产品。配套产品的差异化、低端化，会吸引大量的企业投资，形成产业聚集的优势。产业链的核心企业由于存在着日益丰富的配套产品，能够在保持核心技术不变的情况下，衍生出更为多样化的产品，满足市场上更为丰富的需要。也可以根据市场客户差异化的需求，向周边的下游产业链企业提出新的需求，促进它们的产品创新。由此，一个产业链一旦形成，就会产生"虹吸效应"和"马太效应"，将周边的资金、人才、技术吸引到链条内。产业链衍生的最终效果是促进社会上的资本、技术、劳动力等生产要素向产业链所在的固安产业新城流动，从而推动固安产业新城的经济迅猛发展，同时，产业链对周边地区的经济增长又具有明显的辐射和带动作用。

通过新产城内产业链的延伸可以使固安产业新城内的各产业相互依赖、相互作用，从而形成关联效应，随着产业链条的延伸，不仅可以有效地促进固安产业新城内的产业增值，同时还可以带动相关产业的建立与发展。同时，产业链对于固安产业新城内的各企业而言有着强大的整合效应，固安产业新城的主导产业可以凭借其市场优势和技术优势对周边的同行进行并购，通过横向并购和纵向并购的方式扩张企业规模。并购产生新的市场竞争力，品牌整合、技术整合，都会从更高的层次上实现产业链的延伸。与之前分散生产、分散决策的企业相比，与整合之后的企业更能发挥协同作用，从更广的范围上拓展发展空间、培育新的利润增长点。产业链是大量专业化分工的独立企业结成的紧密协作的生产体系，因而具有很强的协同效应。产业链是现代企业发展和实现企业之间联系的新思维，通过构建产业链内在技术链，实现专业化生产和分工，当每一个节点链技术成熟、工艺标准化后，都可以作为一个独立的产品进行生产，实现产品专业化，提高生产效率。随着上下游产品的专业化、差异化的发展，可以根据市场的不同需求，满足其差异化的需求。产业链的发展导致了各个产品的精细化、规模化，长期的摸索会导致人才的专门化、生产工具的专业化，研发技术和创新就有了基础。产业链上下游企业在长期的合作过程中，信息可以共享，一个企业的废品可以作为下一个企业的生产原料，也可以节约库存成本，节约上游产品到下游生产环节的时间。在管理上，产业链通过技术链的延伸，增加管理环节，通过上下游产品的整合管理，实现管理效率的提高。在销售方面，产业链企业可以通过整合营销的方式，集中召开产品展销会、订货会、统一电子商务营销平台的方式，实现营销成本的节约，提高营销效率。

通过为固安产业新城的企业提供专业化的配套服务形成产业聚集，进而形成完备的产业链，是固安产业新城未来健康持续发展的关键所在。为此，固安产业新城应从夯实产业基础出发，大力建设产业集聚区，形成优势产业集群，通过相关产业之间的交叉、耦合与产业链延伸，形成带动固安产业新城的梯度主导产业集群。

（三）进一步发挥 PPP 模式在固安产业新城建设中的作用

传统的城镇化建设由于缺乏相应的产业基础而导致城市建设乏力，PPP 模式可以有效地将产业发展和城市建设有机结合起来。目前，固安产业新城的开发建设已经成功地通过 PPP 模式引入了社会资本的参与，在固安产业新城未来的开发建设中，还应进一步发挥 PPP 模式在固安产业新城建设中的作用。固安产业新城要想保持强劲的发展动力，离不开 PPP 模式的支持，固安产业新城应通过 PPP 模式来进一步加快相关的基础设施建设的速度和水平提升，快速推进以产城融合为特征的政府行政能力与治理能力。在固安产业新城投融资方式，应进一步加大对 PPP 模式的创新力度，充分挖掘社会资本在产业新城建设运营中的重要作用与运用空间。

固安产业新城虽然与服务型新产城发展模式还有一定的差距，但不可否认的是，固安产业新城的开发建设已经走在时代的前列，固安产业新城通过对 PPP 模式进行创新，从而吸引社会资本参与到新型城镇化建设中来，为我国新型城镇化进程的推进提供了一个发展思路。积极探索固安产业新城的经验与借鉴价值，吸取固安产业新城的教训，只有这样，才能构建出真正意义上的以市场为主导的服务型新产城发展模式。

五 积极导入规划创新理念，合理调控新城开发规模

产业新城是新时期我国城镇化发展的新思路，是贯彻城镇科学发展观的重要体现，因此，在规模的选择上也要遵循适度原则。为此，在固安产业新城开发建设的过程中，应该对开发的各个阶段进行合理的规划创新，合理调控产业新城的开发规模。固安产业新城的规划不仅要对城市布局进行规划，同时，也要对人文环境进行规划，使人与自然能够有效地结合，固安产业新城未来的发展规划应该遵循以人为本的城市规划理念，更加注重固安产业新城自然环境的保护。

固安产业新城的发展应本着中小城市的规模进行建设，坚持集约使用土地原则。当前的首要目标是实现财力平衡，坚持做到效率最大，合理安排土地使用规划，做到人口聚集和产业集中的统一与协调。注重产业新城开发规模是我国产业新城建设的重要经验与实践，合理调控固安产业新城开发规模，可以将闲散的社会资金聚集起来，同时也可以有效地利用社会资金的力量。目前，产业新城的开发往往会迁入大量的人口和农村剩余劳动力，为此，城市的规模必须要以城市为依托，以城市人口为带动，使城市空间能够有效地开发利用。发达国家非常重视城市发展规模，城市规模从城市发展前期、中期、后期伴随整个过程。因此，在固安产业新城开发建设过程中，必须要把握新城开发速度和调控新城发展规模。

第七章　新产城发展模式的相关支撑研究

新型城镇化是在新的理念指导下的城镇化，从概念的提出到具体化，需要多方面的支撑，尤其是在政府层面的财政与税收制度安排、先进科学技术进步与成果转化等一系列的体制机制的支持与保障。同时，强调信息化对新产城发展模式的重要支撑作用，从而使新产城模式朝着和谐互动的方向发展，以此为基础来支撑新产城发展模式的推进。

第一节　新产城发展模式的制度创新

新产城发展模式的健康发展离不开一个良好的制度环境，为此，在新产城发展模式推进中，要着力加强制度顶层设计，强化体制机制的改革深化，在涉及新产城发展模式发展的关键环节、重点领域和"瓶颈"问题上，要持续地加强改革力度，确保新产城发展模式有序、健康推进。

一　深化土地利用制度改革，健全集约用地机制

根据新城建设与开发的需要，进一步深化以农村集体土地占有权和农民土地所有权规范流转为重点的土地使用制度改革。结合农村联产承包责任制的改革，对农民的土地使用权和农村集体土地进一步地开展确权工作，并进一步探索通过产权市场的交易方式，为新城建设提供土地保障。为了确保土地占有者的利益最大化，应探索采用现代土地经营方式，比如联营、作价入股等新形式，补充过去传统的出让、转让和出租等使用权转移方式。随着城镇化的推进，土地日益变成稀缺性资源，农民和农村的土地所有者更加重视这些资源的合理开发与使用。深化土地制度改革，成为当前新城建设的关键环节。

在新的理念指导下，产城一体化发展模式必然将摒弃过去的"摊大

饼式"的城市建设模式，突出集约、高效的特征。在坚持集约、高效可持续发展原则的基础上，应该着力建立健全节约集约用地机制，完善新产城建设项目建设用地的相关土地使用标准体系，并且在新产城发展过程中不能盲目地追求形象工程而导致乱占建设用地的现象，为此，新产城建设项目要适当地提高产业新城内的工业项目容积率以及土地产出率门槛，积极探索新型的工业建设用地供应制度。同时，应从原先的低效开发模式中寻找突破口，结合土地开发的情形进行分类再开发。对于老城区的改造，本着保持老城区历史面貌的原则进行开发与改造。在国有企业改制过程中，企业破产的老厂房应根据政府的整体规划进行开发，适合旅游的开发成为工业旅游区，不适合保留的进行整体规划与开发。在开发过程中，坚持政府、市场两种力量主导、公众等利益相关者积极参与和利益共享的原则，整体推进。

二　强化生态环境保护制度，建立生态补偿机制

坚持绿色发展，强化生态环境保护，是地方经济可持续发展的两个基本方向。"生态"和"发展"两条底线的守护是新产城发展的新路径。

在新产城建设与运营中，要引进生态效益考核机制。首先，要将生态效益与经济效益、社会效益一同纳入新产城发展评价体系中，并且要完善生态效益考核办法与相应的奖惩机制。同时，由于我国资源日趋短缺，环境日益恶化，为此，要将资源有偿使用机制和生态补偿机制引入新产城发展模式中，制定并完善生态补偿方面的相关政策法规。生态补偿应作为新产城发展的重要组成部分，从投入力度增大、补偿标准提高、补偿范围扩大等方面不断完善地方生态补偿制度。其次，要完善资源环境产权交易机制。在新产城中推行碳排放权、排污权等交易制度，同时，充分运用市场机制的作用，地方政府要有序引导并鼓励社会资本投入到生态环境保护中来。通过经济手段测算生态补偿的会计核算制度，增加破坏生态环境的执法力度和惩罚力度，对企业的生产和居民的生活两个方面严格执行赔偿制度，确保环境的优美。

三　深化行政体制改革，加强各部门的管理协调

深化调整行政管理体制，厘清市场和政府两种角色在新产城发展中的作用。有的学者侧重政府的作用，有的学者侧重市场的作用。但从中国的现实国情出发，既要发挥市场主体在资源配置中的关键核心地位，

也要发挥政府的积极宏观调控作用；同时，要明确深化改革的目标，针对不同领域，采取相对应的改革措施。深化改革主要包括以下四个方面：

（1）以建设服务型政府为目标，深化行政体制改革。党的十八大以来，精简机构、职能合并、大部制是行政体制改革的方向。特别是在新产城建设过程中，更需要的是精干的政府管理部门，避免出现上面千根线、下面一根针的现象。强化地方政府的服务职能，弱化传达行政文件的通知型政府。依据科学发展观的要求和城镇化发展的阶段，不断运用现代信息科技手段、大数据手段，统筹、整合相应的职能，避免出现行政信息的不对称、不透明、"信息孤岛"现象，提高行政效率，降低行政运行成本。

（2）深化行政审批制度改革。充分借鉴各地的行政服务中心的运行经验，从流程再造、信息技术应用和服务效率提高等方面，强化审批的并联、审批的简化和审批的电子化，切实避免多头审批、互相推诿和选择性审批，创造良好的投资软环境，为投资企业提供最佳服务。

（3）改革人事管理制度。新产城发展中需要的人才种类多，应采用灵活的用人机制，公务员编制、事业单位编制、人事代理等多种用工机制，不能因为编制问题而影响工作效率。绩效考核应统筹考虑编制、突出业绩，有利于各类人才成长成才。

（4）深化事业单位改革。坚持"统筹安排、区别对待"原则，全面完成事业单位清理整顿和规范管理工作。

目前，每一个政府部门都有规划，不同的部门根据自己的上位规划进行编制，造成多头规划的局面，规划各自为政，甚至出现相互矛盾的现象，丧失了规划的本质作用。这实质上是传统的计划经济的产物，只是变了名称而已。当前最为重要的是，确立经济社会发展、城市建设、土地控制规划的三规合一。由于土地规划属于上级管，因此，地方经济发展的土地制约，本地政府无权解决。这就需要将本地的经济发展规划和城市建设规划中的用地规划进行专门申报，争取上级土地部门的支持。应该建立在三个规划协调基础之上共同的科学性，而不是片面强调各自规划的科学性，力争规划在宏观层面具有协调性，微观层面具有灵活性。多个规划合一是亟待解决的问题，建立新产城规划编制领导小组，协调各个权力部门，制定经济、土地、城建多方面协调发展的规划，防止出现规划无用、规划经常变化的现象，用以科学指导产业新城建设。

第二节 新产城发展模式的财税创新

新产城发展模式是地方政府建设新型城镇的新路径，税收作为地方政府财政的主要来源，在推动新产城发展中起着资金保障作用，但是，由于自 1996 年中央和地方的分税制实施以来，中央财政收入比较集中，造成了中央富地方穷的现象。特别是农业税的取消，以农业为主的地方政府面临税种少、税源薄弱的困难。为此，在新产城发展模式推进的过程中，必须全面系统地深化财税体制改革，创新我国的财税制度，从而促进我国新型城镇化不断朝着健康持续发展的方向迈进。

一 培育地方主体税种，完善地方税体系

在新产城发展模式中，各地区的地方财政收入能否支撑新产城模式的推进是一个非常重要的问题。目前，我国实行分税制体制，导致了一些地区特别是经济相对落后地区的地方财政收入较低，从而导致事权和财权不相适应，财权上移，事权下移，地方政府资金紧张，财政缺口越来越大，为了解决日益增长的债务危机，只有通过隐性举债来解决。土地财政是地方政府的主要税源，占地方财政收入的一半以上。但是，这种土地财政由于土地资源的稀缺性和 18 亿亩地红线的制约，导致地方政府单纯依靠土地财政的好日子越来越少。这种饮鸩止渴的方式，不具有持续性，而且对地方政府还债能力提出了挑战。政府债务危机随着土地资源的减少而增加，由此需要进一步通过土地城镇化弥补资金缺口。

因此，在新产城发展模式推进过程中，要根据中央和地方财权与事权相符合的原则，合理确定各级政府在卫生、教育与社会保障等公共服务方面的事权，同时，还要完善城镇基本公共服务支出分担机制。努力完善地方的税种，涵养税源，形成符合新产城发展的可持续的税收体系。依据地方事权和中央事权的分权管理原则，积极将地方上的属于中央财政的事权项目积极向中央申报，争取中央财政的支持，减少地方财政负担。通过中央和地方两级财政体系的合理分配，为新产城发展提供财税支持。

二　完善现有财税制度，切实保障民生利益

传统的城镇化理论更为关注城市的外观基础设施建设，这导致了很多实质性的民生工程被忽视。新产城发展模式应扭转这个局面，增加财政投入民生工程的比例。为此，完善我国现有财税制度，深化财税体制改革，切实保障民生利益显得尤为重要。

首先，增加财政资金对劳动力培训的投入。在新产城发展模式中，大量农村剩余劳动力在向城镇转移，低素质的农民工难以被当地的高端技术企业所吸收。这就要求财政资金的投入要从两个方面着手：一是对地方企业吸收农民工就业的给予培训补偿资金，由企业承担对农民工的技术培训；二是由政府出面，组织当地的培训机构、职业学校承担相应的培训工作。农民工中部分学历较低但操作能力强的年轻人，可以通过正常的渠道推荐免试入学的方式，提升学历层次。通过建立产城发展的终身教育体系，对农民工技术工人的学历提升和技能提升进行教育，为产业的发展培训人才。由于这些人才的流动性较差，最终受益者将是政府，因此应由财政资金提供相应的物质条件给予保障。

其次，要将资金投入到关乎民生利益的领域，对于形象工程则较少或不进行投入。

最后，逐步完善以常住人口为依据，兼顾流动人口的转移支付制度建设。以一个阶段相对稳定的人口数量为依据，并按照一定的比例增长，增加转移支付的额度。同时，要考虑到城镇化进程中农民市民化需要的新增公共服务的财政支付额度。

三　深化税制改革，促进产业发育和结构优化

为了加快地方税收体系建设，使财权与事权相匹配，解决地方财政压力，合理控制政府债务，防范财政风险。首先，要进一步减轻企业税收负担，在营改增试点的基础上，进一步降低个人所得税，探索个人所得税的降低税基方法，避免重复征税。在基础设施建设、公益性公共工程建设方面，探索金融企业、房地产开发企业的降低税收措施，增强产业发展的竞争力，提高企业的员工培训费用，增强产业的创新能力。其次，要进一步完善技术先进型服务企业的税收优惠政策。进一步调整我国消费税的征收范围、征收环节和征收税率，使其更加趋于合理，从而建立起科学合理的长效税收制度，以便更好地促进产业发展，提升企业的活力与动力，进而更好地发挥税收在新产城发展进程中的支持与促进

作用。

四　调整资金投入模式，发挥财政资金引导作用

从目前的数据来看，财政资金仍是城镇化建设的主体。但对于新产城发展而言，仅靠财政投入资金，不仅效率低，而且周期长。因此，仅依靠财政资金的投入是不够的，还需要进一步调整资金投入模式，充分发挥财政资金的引导作用。

虽然财政收入逐年增加，但是，与巨大的财政开支相比，缺口仍然巨大。新产城建设不仅要考虑产业的配套基础设施，也要考虑生活的配套基础设施建设，对资金的需求量大。逐步增加财政资金投入是必要的，但仍应加大对资金渠道的探索。以财政资金引导，吸引庞大的社会资本仍是重要手段。因此，要积极引导社会资本参与到城镇化新产城发展模式的构建中来，通过多种途径提高社会资本参与城镇化新产城建设的力度，通过参股、入股、财政贴息和提高债券利息等方式，充分撬动社会资本，发挥其量大的优势，逐步形成财政资金为引导、社会资本为主体的多元投融资体系，形成产城发展多方参与的融资格局。

五　完善财政资金监督体制，提高财政资金使用效率

新产城发展的财政资金投入是重要的资金来源，如何做到高效地使用财政资金是当前各级财政部门需要关注的重点。过去，财政资金的使用由于具有无偿性、公益性的特点，所以，各级地方政府在财政资金的使用过程中缺乏严格的管理流程，导致财政资金的使用效率不高，实际投入的财政资金的使用效果没有达到预期效果的情况。这其中的原因很多，也导致了腐败现象的出现。因此，在财政资金投入有限而建设资金需求量大的矛盾下，新产城发展过程中更应做到财政投入资金的精准、高效。具体来说，一是从资金使用的源头上对财政资金的使用方向进行明确，只有纳入财政资金项目清单的项目方可使用财政资金，防止出现财政资金的项目挪用现象。二是在财政资金投入过程中，强化预算和决算制度，要求做到科学预算、规范决算、剩余资金及时上缴国库的办法。三是对于可以营运的项目，财政资金投入后，要及时跟踪，了解真实的项目营运数据，确保财政资金的保值增值。四是强化审计出效率的原则。引进第三方审计，对财政资金的使用效率和效果进行审计，对于违规资金及时发现和查处，避免出现财政资金的违规使用和腐败现象。

第三节　新产城发展模式的金融创新

新产城发展模式的推进需要大量资金的支持，随着新产城发展模式的不断推进，财政资金投入已经远不能满足产业新城建设的需要。因此，在新产城发展模式不断推进的背景下，深化投融资体制改革，创新金融工具，对于加快产业新城的建设有着重要的支撑作用。

一　金融在新产城发展模式中占据重要地位

在新产城发展模式下，由于产业发展的需要和现代生活的需求，需要大力建设更多的、更为现代的基础设施，但资金的制约是关键。基础设施投资的典型特征是投资大、周期长、收益不确定。因此，单纯依靠财政资金积累来开展基础设施建设，可能会遇到多种情况，受到财政拨款的金额、时间的制约。为了加快基础设施建设的速度，需要拓宽融资渠道，构建新的投融资体系，通过吸收金融机构、社会资本等方式，筹集奖金，弥补资金缺口。在新产城发展中，金融不仅支撑着基础设施与公共服务设施建设，同时也成为企业发展的重要融资手段，通过金融体系，不仅可以为中小企业融资，也可以大力支持新产城的重点企业，形成示范与带动作用，进一步通过产业链延伸与整合的方式促进相近产业的集群发展，多种产业实现规模发展。与此同时，在新产城发展中，劳动者素质技能的提高与居民生活方式的转变也离不开金融支持。在新产城发展进程中，农民向市民的转化不仅需要创业技术，更重要的是，需要创业的启动资金，创业失败之后，需要充分的保险和保障，才能鼓励人们去创业。只有这样，创业人才才能具有脱颖而出的环境，才能加快农民向市民的转化速度。

新产城发展模式的推进需要解决基础设施建设、环境保护、公共服务、农民权益保障及住房、土地、教育等问题，解决这一系列问题都需要资金作保障，但在供给侧改革与新常态背景下，地方政府的财力非常有限，难以承担这些资金需求。因此，必须寻找政府之外的金融机构。金融支持力度越大，新产城的发展水平就会越高，两者之间存在一种良性的互动发展机制。但不能忽视的是，金融企业是逐利性的，而新产城的建设是本着承担社会责任、促进社会效益的原则，从这方面来讲，两者之间又存在着一定的矛盾。

二 创新融资工具，深化投融资体制改革

党的十八大以来，特别是三中全会以来，国家允许社会资本通过特许经营等方式参与投资城镇化建设，意味着我国经济发展进入了以市场机制为主导、政府引导新产城发展的时代。随着新型城镇化进程的不断推进，金融在新产城发展中的地位日益凸显出来，为此，要深化我国的投融资体制改革，创新融资工具。构建政府和市场双重角色的多元投融资体制，各级政府信用仍然高于企业，是城镇建设的投融资主体。同时，各级地方政府要根据自身的财力和税源，依据相关的国家规定适度举债。创新政府为还债主体的地方融资债务平台，并通过资本市场将这些债务进行资产证券化，以未来的收益作为偿还利息的来源，进行包装上市。此外，国家对地方政府在产城建设中提供优惠性的金融政策，包括普通住宅、廉租房和专项的支持政策，要通过打融资组合拳的方式，为城镇化建设提供方便、快捷、精准的融资服务。

总之，新产城发展模式的推进离不开金融体系强有力的支持，现阶段，随着我国社会经济发展的不断演进，将金融体系引入到新产城发展进程中，不仅可以有效地解决新产城发展融资难问题，同时也可以强化市场在新产城发展中的主导地位，充分发挥金融的撬动作用。

三 规范 PPP 模式，建立风险防控机制

目前，我国城镇化新产城建设有效的市场模式是 PPP 模式。PPP 模式以多元投资主体双赢、多赢为基本思路，通过组建"政府+公司+项目"公司合作模式经营特定项目，开展政府规划的基础设施建设项目。PPP 模式为我国加快引入社会资本、推进新型城镇化新产城建设提供了新的路径和方法。为此，应规范 PPP 模式，建立 PPP 模式风险防控机制，加大 PPP 模式对新产城发展模式推进的支持力度。

PPP 项目涉及多个主体，且投资周期长、运营收益不确定，因此，防范系统性风险是 PPP 项目成败的关键。从现有的研究来看，PPP 项目风险可以分为内部的技术风险、财务风险和营运风险，以及外部的政策风险、汇率风险。如何识别风险、防范风险，可以依据权责对等原则，应该把风险分配给合作中的最有利承担的一方。

政策风险是由项目实施的长期性和政府政策的短期性造成的。政策是根据当时的经济状况制定的，具有反经济周期的作用，一旦经济周期

的阶段发生了变化，政策则会适时调整。而一个PPP项目的实施也有其自身的周期，当两个周期不一致时，就会出现由于政策的更替导致的项目盈利能力的变化。合作方，尤其是以营利为目的的私营合作单位，会要求尽量降低政策风险，在项目合作过程中，依照法律、法规公开地进行项目合作，防止因为人事安排的变动而导致的风险。作为私人合作方，因为其追求的目标单一，所以，一定是风险厌恶型投资者，必然要求较高的投资回报率。因此，地方政府在产城发展模式中，应结合政策支持的力度，合理分配投资风险。尤其是在中长期投资的基础设施项目的操作中，更应规范，防止政策、人事变动为私营投资者带来的风险。

汇率风险是由于国际货币的升值、贬值对投资者带来的损失。国际汇率市场的不稳定性已经是公认的事实，在对预期汇率市场不可明确预知的情形下，国际投资方往往会采用高估汇率风险的方式，从而要求PPP项目的高投资回报率。随着资本市场汇率风险的经常性发生，也创造了反向操作的对冲基金，但是，为了便于私营合作方的投资，政府应主动承担部分汇率风险，起到部分对冲基金的作用。比如，可以承诺当汇率变动在不同的幅度时，根据汇率的变动给予一定的风险补偿金。或者，合同中规定按照一篮子货币的汇率进行结算。这些都是有利的抗汇率风险的好措施，这样，可以大大降低合作中的汇率风险，有利于提高项目合作的成功率。

技术风险是PPP项目自身的风险，风险归属为私营合作方。在项目建成后，私营合作方介入项目后期的运营与维护，在这个过程中，私营合作方必须要付出一定的代价以确保项目的有效使用。因此，如果私营合作方在项目初期对运营成本的测算不合理，就会导致后期出现运维成本高的情形，减少预期的投资回报率。

财务风险是指项目经营过程中出现的预期收益不足而难以支付债务和银行利息的情形。财务风险不涉及政府财政投资的资金，主要涉及融资方式为举债方的合作方。如果债权人在出现财务风险时出现了逼债现象，而投资方缺乏风险化解的策略，则会导致项目公司直接进入破产程序。因此，为了防范财务风险，投资方应未雨绸缪，早日请专业财务公司或担保公司介入，避免项目公司破产。

营运风险是由项目后期效益的不确定性带来的风险。在PPP项目设计时，往往会依据类似的项目进行营运风险预测，也根据风险评估对收益进行了预测。但是，为了促成项目，往往会高估收益，低估风险。如果在实际的项目运营过程中，出现了成本高、收益低的情形，则视为营运风险。营运风险属于后期风险，主要承担方应为私营合作方。为了避免后期的运营风险，私营合作方应通过项目投资之外的营销手段，比如，提供增值服务、创新服务方式等，提高项目的知名度，降低项目的运营风险。虽然营运风险的主要承担方为私营合作方，但是，政府也应做出积极的反应。一是可以承诺最低消费量，如果出现低于最低消费量的情况，政府给予适当的补贴。二是政府通过帮助私营合作方扩大宣传力度，提高项目的公信力，让群众知晓并使用。三是政府为了降低私营合作方的道德风险，可通过第三方审计的方式，掌握真实的项目运营状况。四是对于运营中实际存在的风险，进行合理的分担，如果出现了不可抗力导致的运营风险，则应本着道义的原则，给予适当的补贴。

政府为了降低风险，在 PPP 项目中对权益融资的比例有一定的要求。从经验来看，权益融资比例大的项目，成功的概率要高于比例小的项目。在投资资金大、周期长的项目中更是如此。

四 完善投融资领域的法律保障机制

地方政府融资是在新型城镇化背景下进行的，为此，应该完善与新型城镇化新产城发展相关的配套体制，使其与地方政府融资领域的法律法规置于同等重要的位置，这两方面是互为补充、互相促进的。目前，我国城市建设的投融资缺乏法律的规范与约束，多采取行政管理的方式划拨的手段，但是，不能满足多元投融资主体的利益保障。因此，当前需要从投融资多元主体利益兼顾角度出台有关法律法规，规范投融资各个环节，以满足新型城镇化过程中对大量投资、多元主体投资的需求。

制定和完善地方政府融资领域的法律法规，目的是改善新型城镇化新产城发展模式的融资环境，促使地方政府融资法制化、规范化。为此，在通过资本市场融资方面，强化融资环节的规范化、流程化，以提高资金使用效益、防范融资风险、保障投资主体收益为目标，进一步探索新的融资模式、渠道和利益分享机制。对新型城镇化产业新城发展的融资规划、基础设施和基本公共服务价格、财税改革、测算合理的地方政府融资规模等领域，应制定相应的法律法规来明确主管部门及其权利义务。同时，也应当合理设计与地方政府融资相关的体制机制，尽量减少委托—代理问题。应通过引入多元融资主体，降低政府投资风险，丰富城镇化建设的融资方式，优化地方政府的融资结构，提高抗风险能力。有学者提出，要对地方政府的信用进行评级，减少融资过程中的信息不对称，提高地方政府融资效率。

不断健全与新型城镇化新产城发展相关的配套体制机制也会在引导地方政府融资方向、规范地方政府资金投向等方面产生不可替代的作用。当前，新型城镇化成果惠及面仍不够广泛，新型城镇化相关各方的利益没有得到妥善处理，这主要表现在旧城改造过程中的单一拆建模式的弊端、历史遗留的户籍制度缺陷、公共服务覆盖面狭窄、社会保障措施单一和融资渠道未充分市场化等方面。一般来说，科学健康发展的新型城镇化新产城发展模式离不开完善的配套体制机制。

总体而言，现行的户籍管理、土地管理、医疗社保、财税体系、规划建设、政绩考核体系、金融监管等制度亟须深刻改革，以改变现在一定程度上已经固化了的城乡利益格局，进而推动城乡良性互动，推动农村人口市民化，促进城乡一体化发展。

第四节　新产城发展模式的科技创新

一　各层次人才引进对新产城发展模式的保障作用

在新产城发展过程中，人才是关键，实施人才引进战略，对于新产城的发展起着至关重要的作用，为此，要建立健全人才引进机制。当前，供给侧改革背景下的新产城建设，需要转变过去依赖资源、依赖外来技术的局面，走结合自身资源优势、着眼于自主技术创新的创新型产业发展道路。国家明确提出了创新型国家战略，区域经济发展和产业发展也必须走创新型发展战略。为此，创新型人才的保障作用凸显出来，在所有领域和行业，乃至管理创新，都需要具有掌握创新思维的人才。新产城发展要从培育创新要素出发，夯实创新的人才基础。促进创新主体的生存、发展环境建设，加快技术创新、成果落地的产学研一体化发展。

企业的发展和百年基业的树立，需要拥有自主知识产权和符合社会发展方向的技术和产品。创新是一个城市的生命力，是一个企业存在的根据。新产城发展应突出大企业的创新引领作用，发挥领头雁的引领、带动示范效应。从城市发展的长远考虑，选择具有高端技术的领域，集中优势资源着力打造。通过开放式的思路，积极引进与城市发展契合的创新技术领域，加强与高校、科研院所、民营企业创新中心等开展深度合作，甚至可以委托相关科研机构，针对新产城发展需要，着力进行创新技术的研发，通过创新团队、创新技术、成果技术产品化、企业推广等环节，实现城市创新精神的落地。在此基础上，完善生产性配套产业和生活便利化设施，进一步推动城市创新。

为了更好地促进新产城发展模式有效实施，还应建立开放式多层次的人才引进与流动机制，根据产业新城现代工业和服务业的发展需要，采取以团队引进、核心人才引进、项目引进等为主的方式，重点引进具有区域领先和新产城建设中行业紧缺型的科技人才队伍，以及适应现代融资、管理、创新创业需求的人才。新产城的发展立足于当地经济发展与人的素质技能的提高，为此，要加强本地人才引进和利用的力度，有计划地从高等院校和中等职业学校引进紧缺专业的人才；吸引外流人才回流，尤其是吸引支柱产业发展需要的高层次技术与管理团队。新型城镇化发展需要团队的持续发力，个别优秀技术和管理人才固然需要，但是并不能形成团队合力，经常出现引进之后没有工作团队的尴尬局面，最终人才也会流失。因此，人才体系的建设要着眼产业发展的需要，从人才团队的角度吸引产业发展的领军人才团队，跨越个别人才无所作为的门槛与"瓶颈"。建设人才团队工作的配套保障措施是当务之急。建立有利于吸引团队发展的人才市场、人才服务中心和人才储备库，利用、开发好各类高素质工程技术人才和经营管理人才，从而为新产城发展提供重要的智力支持。

新产城发展模式的推进还应健全创业人才培养与流动机制。为此，在"大众创业、万众创新"的背景下，要把创业精神培育和创业素质教育纳入国民教育体系，实现全社会创业教育和培训的制度化、体系化。创新创业是一项系统性的工程，需要从创新创业的课程设计、经验传递、导师队伍建设和评价指标体系等方面开展深入、具体的工作，通过系统性的建设与实践，不断总结创新创业经验，在创新创业实践中，培养创新创业队伍，通过良好的绩效评价来推动创新创业的改进，凝练具有地方特点的可持续发展的创新创业方向，并推动有利于创新创业人才脱颖而出的就业环境、人才交流机制的形成。

二　信息科技应用对新产城发展模式的支撑作用

新产城发展模式的快速发展离不开信息科技的应用。党的十八大提出了新"四化"要求，信息化作为新"四化"之一，具有重要的支撑作用。当前，以大数据、"互联网＋"为代表的一批新兴信息化的成果，改变了生产方式，也改变着整个城市建设。新兴信息技术的应用渗透到了第一产业、第二产业和现代服务业，并且持续地改变了人民的生活，适应了当前快节奏、高效率、更新快的现代生活需要，推动着其他"三化"的快速发展。信息技术的应用为新产城发展提供了信息资源、发展方向和优化手段，方便了城市管理者的决策，为企业提供快捷服务等。将大数据等现代信息化技术引入到新产城发展模式中，能够为新产城城镇布局的优化完善，乃至新型城镇化的可持续发展提供强有力的带动与支撑。

信息科技的发展推动着新产城的发展，提高了其生活与生产基础设施水平。信息科技的应用必须要有空间和内容，产业发展需要信息技术，产业发展中形成的对信息技术的精准需求进一步推动了信息技术服务水平和质量的提升。产业发展的信息化，推动了生产、供给、销售的信息快速传递，提高了资源的利用效率。信息化可以有效地利用新产城的自然资源和社会资源，为新产城发展提供强大的动力支持。

由于信息科技的应用可以打破时间和空间的限制，从而实现新产城的生产生活要素有机、高效地组合。信息技术还可以有效地改变新产城的生产生活组织形式，让新产城发展更加趋于合理。因此，在新产城发展模式中，应该充分发挥信息科技的支撑作用，不断加强信息基础设施，提升新产城的公共服务能力。

三　工业科技成果转化对新产城发展模式的促进作用

工业发展引发了近代城市的发展。新产城发展模式也必须考虑工业成果的转化，因为它是新产城发展模式的基础产业。新产城发展模式既涵盖了工业园区与城镇化发展的方方面面，同时在承载的功能上与传统模式的重要区别在于规划理念不同，一改过去单一功能的规划布局，而是侧重两者之间在功能上的兼顾与融合发展。

在工业科技成果的快速转化带动产业发展、产业链延伸的过程中，工业园区的规模逐渐扩大，而城镇基础设施的滞后，使不少工业园区变成"睡城"。这是典型的产城脱节的发展模式，当然也是历史原因造成的。关键是与东南沿海整体开发、开放的模式不同，当时我国采用在东南沿海画圈的发展方式。而各地的开发、开放的过程中，也借鉴了画圈的发展方式，主观上认为是成功的发展模式。可是，在发展过程中，处处画圈，则会出现局部单一发展的弊端。新产城发展模式，则充分考虑工业布局、生活设施布局的和谐与统一。这种从区域整体发展的思路，是新时期的新要求，强化了工业拉动整体城镇建设的作用。

新产城发展模式必须适应我国当前新型工业化的要求，用新型工业化的成果提升工业发展的基础，夯实对产城发展模式的支撑作用和配套能力。新产城发展模式的根本要求是产业的发展带动城镇化发展，通过产业之间的交互、融合实现功能之间的相互促进与拉动，互为对方的推动力。党的十八大之后，我国提出了绿色发展战略，新产城发展模式中的园区建设与提升必须要体现绿色发展的要求，充分借助当地的绿色优势资源，形成绿色发展的产业链，依据资源的承载力快速发展绿色消费市场，形成绿色经济、循环技术与装备制造的园区。各地园区发展的层次不同，出现了个别强、雷同产业较多的现象，关键是要因地制宜，结合自身资源的特色进行转型升级。一是选取朝阳性新兴产业，即选择具有高科技特点且能够落地的产业。二是注重培育龙头企业，提升龙头企业的高科技含量，通过支持本地企业的高端化、品牌化发展，让本地企业走得更远。三是根据产业链延伸的需要，通过整合周边的配套资源、配套企业和上下游企业的集聚，达到产业集中与企业集聚的目的。四是主动出击，包装一些具有重大引领性项目，通过对外招商引资活动，扩大园区的品牌影响力，提升园区品位，促进产业集群的形成和对城镇化的持续辐射带动作用。

四 农业科技成果转化对新产城发展模式的推动作用

农业科技转化推动农村的产业结构调整，可以释放出农村的人口红利。新产城发展模式的推进必须要有充足的劳动力，传统的农业人口素质低，不能支持新产业的发展。随着农业科技的成果转化，大量不具备科技素质的劳动力出现分流，一方面农业科技的应用节省了劳动力，另一方面培育了现代科技武装的劳动者。农业科技人员的增多，必然带来农业结构的调整，高效示范性农业基地的发展，推动着农业用地的节约与高效，为新产城发展提供了新的发展理念武装的新型劳动者。同时，伴随着农业高效发展，新的农业科技成果不断地被研发出来，并迅速转化为生产力，延长了农业产业链条，实现了农业的接二连三。工业化的发展推动了城镇建设中的产业形成。

农业现代化促进了农业和农村现代化，提升了农业质量，为新产城模式的推进带来了持续的发展动力。首先，农业现代化带来了农民收入的提高，推动了当地消费品市场的发展，市场的繁荣引发对城镇市场发展的基础设施的建设需求。其次，市场机会为农村剩余劳动力的本地化转移创造了条件。由于本地农业效率低，过去的劳动力转移多是向东南沿海等发达地区转移，以获取较高的收入。现在，由于高效农业发展带动相关市场活跃、工业发展后发优势，返乡创业成为新的引领时尚。这种交互式运动为进一步的城镇化提供了条件。

城镇化的目的是让更多的普通百姓能够享受国家经济发展所带来的福利，能够过上幸福的小康生活。在城镇化过程中，集中体现了人口的集中，支撑的是产业的发展，农业科技成果的应用提升了农业生产的效率，为人口集中创造了条件，同时带动了高收入人群的出现，促进了消费和市场的繁荣，由此带来了生活基础设施的改善，提升了我国城镇化水平。

参考文献

［1］ 阿瑟·奥利沙文：《城市经济学》，中信出版社 2003 年版。

［2］ 霍利斯·钱纳里等：《发展的模式：1950—1970》，经济科学出版社 1988 年版。

［3］ 王梦奎、冯并、谢伏瞻：《中国特色城镇化道路》，中国发展出版社 2004 年版。

［4］ 建设部：《国外城镇化发展概况》，中国建筑工业出版社 2003 年版。

［5］ 高珮义：《中外城镇化比较研究》，南开大学出版社 2004 年版。

［6］ 叶舜赞：《城镇化和城市体系》，科学出版社 1994 年版。

［7］ 顾朝林：《中国城镇体系：历史·现状·展望》，商务印书馆 1992 年版。

［8］ 傅崇兰：《中国特色城市发展理论与实践》，中国社会科学出版社 2003 年版。

［9］ 包宗华：《中国城镇化道路与城市建设》，中国城市出版社 1995 年版。

［10］ 牛文元：《中国城镇化与区域可持续发展研究》，新华出版社 2005 年版。

［11］ 王桂新：《中国人口迁移与城镇化研究》，中国人口出版社 2006 年版。

［12］ 叶裕民：《中国城镇化之路：经济支持与制度创新》，商务印书馆 2001 年版。

［13］ 陈甬军、陈爱民：《中国城镇化：实证分析与对策研究》，厦门大学出版社 2002 年版。

［14］ 仇保兴：《中国城镇化：机遇与挑战》，中国建筑工业出版社 2004 年版。

［15］ 刘勇：《中国城镇化战略研究》，经济科学出版社 2004 年版。

［16］ 张润君：《中国城镇化的战略选择》，中国社会科学出版社 2006 年版。

［17］ 施岳群、庄金峰：《城镇化中的都市圈发展战略研究》，上海财经大学出版社 2007 年版。

［18］ 周铁训：《均衡城镇化理论与中外城镇化比较研究》，南开大学出版社 2007 年版。

［19］ 王旭：《美国城市史》，中国社会科学出版社 2000 年版。

［20］ 陈加元：《新型城镇化道路》，浙江人民出版社 2006 年版。

［21］ 王克忠、周泽红：《论中国特色城镇化道路》，复旦大学出版社 2009 年版。

［22］ 马晓河等：《中国城镇化实践和未来战略构想》，中国计划出版社 2011 年版。

［23］ 陈鸿彬等：《农村城镇化研究》，中国环境科学出版社 2005 年版。

［24］ 陆学艺：《三农论：当代中国农业、农村、农民研究》，社会科学文献出版社 2003 年版。

［25］ 蔡昉：《中国的二元经济与劳动力转移》，中国人民大学出版社 1990 年版。

［26］ 楼培敏：《中国城镇化：农民、土地与城市发展》，中国经济出版社 2004 年版。

［27］ 汪冬梅：《中国城镇化问题研究》，中国经济出版社 2004 年版。

［28］ 孔凡文、徐世卫：《中国城镇化发展速度与质量问题研究》，东北大学出版社 2006 年版。

［29］ 辜胜阻、简新华：《当代中国人口流动与城镇化》，武汉大学出版社 1994 年版。

［30］ 辜胜阻、刘传江：《人口流动与农村城镇化战略研究》，华中理工大学出版社 2000 年版。

［31］ 辜胜阻：《非农化与城镇化研究》，浙江人民出版社 1991 年版。

［32］ 辜胜阻：《非农化与城镇化理论与实践》，武汉大学出版社 1993 年版。

［33］ 刘传江：《城镇化与城乡可持续发展》，科学出版社 2004 年版。

[34] 简新华:《中国工业化与城镇化专题》,经济科学出版社 2007 年版。

[35] 简新华:《中国城镇化与特色城镇化道路》,山东人民出版社 2010 年版。

[36] 费孝通:《小城镇大问题》,《瞭望》1984 年第 9 期。

[37] 费孝通:《我看到的中国农村工业化和城镇化道路》,《浙江社会科学》1998 年第 7 期。

[38] 柳随年:《关于推进城镇化进程若干问题的思考》,《管理世界》2001 年第 6 期。

[39] 胡鞍钢:《城镇化是今后中国经济发展的主要推动力》,《中国人口科学》2003 年第 6 期。

[40] 吴良镛:《从世界城镇化大趋势看中国城镇化发展》,《科学新闻》2003 年第 17 期。

[41] 周干峙:《走具有自己特色的城镇化道路》,《城市发展研究》2006 年第 4 期。

[42] 汪光焘:《走中国特色的城镇化道路》,《求是》2003 年第 16 期。

[43] 朱铁臻:《城市圈崛起是城镇化与地区发展的新趋势》,《南方经济》2004 年第 6 期。

[44] 郭克莎:《工业化与城镇化关系的经济分析》,《中国社会科学》2002 年第 2 期。

[45] 杜鹰:《我国的城镇化战略及相关政策研究》,《中国农村经济》2001 年第 9 期。

[46] 蔡继明、周炳林:《小城镇还是大都市:中国城镇化道路的选择》,《上海经济研究》2002 年第 10 期。

[47] 洪银兴:《城镇化模式的新发展》,《经济研究》2001 年第 12 期。

[48] 许经勇:《对中国特色城镇化道路的深层次思考》,《经济经纬》2006 年第 1 期。

[49] 安虎森、陈明:《工业化、城镇化进程和我国城镇化推进的路径选择》,《南开经济研究》2005 年第 1 期。

[50] 沈建国:《世界城镇化的基本规律》,《城市发展研究》2000 年第 1 期。

[51] 王颖:《世界城镇化模式与中国城镇化道路》,《经济研究参考资

料》1985 年第 149 期。

[52] 陈书荣：《我国城镇化现状、问题及发展前景》，《城市问题》
2000 年第 1 期。

[53] 杨重光：《中国城市现代化的特征与阶段分析》，《中国城市经
济》2007 年第 10 期。

[54] 简新华、刘传江：《世界城镇化的发展模式》，《世界经济》1998
年第 4 期。

[55] 李炳坤：《关于加快推进城镇化的几个问题》，《中国工业经济》
2002 年第 6 期。

[56] 宋利芳：《发展中国家城镇化进程的特点、问题及其治理》，《中
国人民大学学报》2000 年第 5 期。

[57] 陈海燕、贾倍思：《紧凑还是分散》，《城市规划》2005 年第
5 期。

[58] 范川：《金融创新是解决城镇化发展资金瓶颈的关键》，《商业研
究》2003 年第 21 期。

[59] 范立夫：《金融支持农村城镇化问题思考》，《城市发展研究》
2010 年第 7 期。

[60] 黄勇、谢朝华：《城镇化建设中的金融支持效应分析》，《理论探
索》2008 年第 3 期。

[61] 孔泾源：《"中等收入陷阱"的国际背景、成因举证与中国对
策》，《改革》2011 年第 10 期。

[62] 李春景：《"中等收入陷阱"面前韩国巴西的不同选择》，《党政
干部参考》2011 年第 7 期。

[63] 刘方棫、李振明：《跨越"中等收入陷阱"，促进收入可持续增
长》，《消费经济》2010 年第 12 期。

[64] 刘福垣：《中等收入陷阱是一个伪命题》，《财经深度》2011 年第
7 期。

[65] 刘泽佳、李明贤：《农村城镇化进程中金融支持研究》，《湖南农
业科学》2012 年第 7 期。

[66] 陆铭、陈纠：《城镇化、城市倾向的经济政策与城乡收入差距》，
《经济研究》2004 年第 6 期。

[67] 马岩：《我国面对中等收入陷阱的挑战与对策》，《经济学动态》

2009 年第 7 期。

[68] 梅伟霞：《从"排斥"到"包容"——中国经济增长方式转变之路探析》，《宏观经济研究》2011 年第 3 期。

[69] 蒙荫莉：《金融深化、经济增长与城镇化的效应分析》，《数量经济技术经济研究》2003 年第 4 期。

[70] 倪凤玥：《浅析金融在城镇化进程中的作用》，《华北金融》2007 年第 10 期。

[71] 彭刚、苗永旺：《收入分配与"中等收入陷阱"辨析》，《人民论坛》2011 年第 11 期。

[72] 宋圭武：《谨防"中等收入陷阱"》，《中国发展观察》2010 年第 9 期。

[73] 孙浦阳、武力超：《金融发展与城镇化：基于政府治理差异的视角》，《当代经济科学》2011 年第 2 期。

[74] 孙彦宝、黄蓟玺：《以金融支持推进我国城镇化进程的对策分析》，《商业研究》2011 年第 11 期。

[75] 田雪原：《"中等收入陷阱"的人口城镇化视角》，《人民日报》2011 年第 5 期。

[76] 汪小亚：《中国城镇化与金融支持》，《财贸经济》2002 年第 8 期。

[77] 徐雪梅、王燕：《城镇化对经济增长推动作用的经济学分析》，《城市发展研究》2004 年第 2 期。

[78] 俞晓忠：《是"城镇化"还是"城镇化"——一个新型城镇化道路的战略发展框架》，《中国人口·资源与环境》2004 年第 5 期。

[79] 赵峥：《金融支持我国城镇化进程的实证研究》，《金融教育研究》2012 年第 1 期。

[80] 束文会：《互联网金融背景下小微企业融资模式创新研究》，《金融视线》2016 年第 8 期。

[81] 崔凯琦、许学军：《互联网金融与小微企业融资模式创新研究》，《经济与管理》2016 年第 6 期。

[82] 过文俊、刘晴、郑晨宇：《P2G 模式：新型城镇化建设融资的创新》，《中国集体经济》2015 年第 3 期。

［83］ Banister, Judith and Jeffrey R. Taylor, "*China: Surplus and Migration*", thesis presented at the general conference of the international union for the scientific study of population, New Delhi, September, 1989.

［84］ Gugler, Josef, *The Urban Transformation of the Developing World*, Oxford University Press, 1996.

［85］ Johnson D. Gale, "China's Rural and Agricultural Reforms: Successes and Failures", *Bateman Lecture*, University of Western Australia, February, 1996.

［86］ Jones, Gavin W. and Pravin Visavin, *Urbanization in Large Developing Countries: China, Indonesia, Brazil and India*, Oxford University Press, 1996.

［87］ Lincoln, H. and Ma Xia, *Migration and Urbanization in China*, Armonk, N. Y. : M. E. Sharp, Inc., 1994.

［88］ Pan Maoxing, Berry, B. J. L., Under Urbanization Policies Assessed: China, 1949 – 1986, *Urban Geography*, 1989.

［89］ Ray M. Northam, *Urban Geography*, New York: John Wiley & Sons, 1975.

［90］ Chang, Miao, "Urban Water Investment and Financing in China" [J]. *Water*, 2004 (10): 14 – 18

［91］ Cho, Wu and Boggess, "Measuring In Interactions among Urbanization, Land Use Regulation, and Public Finance" [J]. *American Agricultural Economics Association*, 2003: 988 – 999.

［92］ Eeckhout J. Jovanovic, "Knowledge Spillovers and Inequality" [J]. *American Economic Review*, 2002.

［93］ Gill, Indermint and Homi Kharas, "An East Asian Renaissance: Ideas for Economic Growth" [J]. Washington D. C. : The World Bank, 2007.

［94］ Harpaul Alberto Kohli, Natasha Mukheijee, "Potential Costs to Asia of the Middle Income Trap" [J]. *Global Journal of Emerging Market Economics*, 2011 (3).

［95］ Hide, T., "Increasing Returns to Scale in Urban" [J]. *Journal of Regional Science*, 1977 (12).

［96］ Hirsch, J., "Total Factor Productivity Growth and Agglomeration Economies in City" ［J］. *Journal of Regional Science*, 1978 (2).

［97］ Homer Hoyt, *One Hundred Years of Land Values in Chicago* ［M］. New Jersey: Princeton University Press, 2000.

［98］ Jun Jie Wu, Seong – Hoon Cho, "Estimating Households' Preferences for Environmental Amenities Using Equilibrium Models of Local Jurisdictions" ［J］. *Scottish Journal of Political Economy*, 2003 (5).

［99］ Kenichi Ohno, "Avoiding the Middle – Income Trap – Renovating Industrial Policy Formulation in Vietnam" ［J］. *ASEAN Economic Bulletin*, Vol. 26, No. 1, 2009.

［100］ Kim, C. J. and Nelson, C. R., *State – Space Models with Regime Switching: Classical and Gibbs – Sampling Approaches with Applications* ［M］. The MIT Press, 1999.

［101］ Kuznents, "Economics Growth and Income Inequality" ［J］, *The American Economic Review*, 1955 (45).

［102］ Kyung – Hwan Kim, "Housing Finance and Urban Infrastructure Finance" ［J］. *Urban Studies*, 1997 (34): 1597 – 1630.

［103］ Luisito Bertinelli, Duncan Black, "Urbanization and Growth" ［J］. *Journal of Urban Economics*, 2004, (56): 80 – 96.

［104］ Murata, Y., "Rural – urban Interdependence and Industrialization" ［J］. *Journal of Development Economics*, 2002 (68): 1 – 34.

［105］ Richard B. Andrews, "The Mechanics of the Urban Economic Base" ［J］. *Land Economics*, 1953 (26).

［106］ Segal, D., "Are There Returns to Scale in City Size" ［J］. *Review of Economics and Statistics*, 1976 (58).

［107］ Stopher, Peter R., "Financing Urban Rail Projects: The Case of Los Angeles" ［J］. *Transportation*, 1993 (20): 229 – 250.

［108］ Tuomas Malinen, *"Estimating the Long – run Relationship between Income Inequality and Economic Development"* ［J］. Springer – Verlag, 2010.

［109］ Wing Thye Woo, "Getting Malaysia Out of the Middle – Income Trap" ［J］. *Social Science Research Network*, 2010.

[110] United Nations, *World Urbanization Prospects*, New York, 2005.

[111] M. Lipton, *Why Poor People Stay Poor: Urban Bias in World Development*, Harvard University Press, 1977.

[112] Kirkby, R. J., *Urbanization in China: Town and Country in a Developping Economy* 1949 – 2000, Columbia University Press, 1989.